KB192818

마가복음 1

[개정판]

新 옥한흠 다락방 시리즈 4

마가복음 1

[개정판]

옥한흠 지음

국제제자훈련원

지금까지 나온 옥한흠 다락방 시리즈

 옥한흠 다락방 시리즈 4

마가복음 1

초판 1쇄 발행 1993년 1월 30일
개정판 1쇄(48쇄) 발행 2008년 10월 2일
개정판 19쇄(66쇄) 발행 2022년 3월 1일

지은이 옥한흠

펴낸이 오정현
펴낸곳 국제제자훈련원
등록번호 제2013-000170호(2013년 9월 25일)
주소 서울시 서초구 효령로 68길 98(서초동)
전화 02)3489-4300 **팩스** 02)3489-4329
이메일 dmipress@sarang.org

저작권자 (C) 옥한흠, 1993, *Printed in Korea*.
이 책은 저작권법에 의해 보호를 받는 저작물이므로 저자와 출판사의 허락 없이
내용의 일부를 인용하거나 발췌하는 것을 금합니다.

ISBN 978-89-5731-293-3 03230

※ 책값은 뒤표지에 있습니다. 잘못된 책은 구입하신 곳에서 교환해드립니다.

국제제자훈련원은 건강한 교회를 꿈꾸는 목회의 동반자로서 제자 삼는 사역을 중심으로
성경적 목회 모델을 제시함으로 세계 교회를 섬기는 전문 사역 기관입니다.

이 교재 사용에 대하여

　제자훈련의 열매는 훈련된 평신도 지도자들이 사역하는 소그룹(구역, 다락방, 셀, 목장)이라 할 수 있다. 소그룹이란 성도간에 아름다운 사랑의 교제를 나누며, 말씀 안에서 영적으로 성숙해가도록 서로 돕고, 믿지 않는 사람들을 초청하여 복음을 나누는 소그룹 단위의 공동체다. 소그룹은 하나님의 말씀에 기초한다. 그러므로 각자의 삶을 드러낼 수 있도록 돕고 변화되어야 할 삶의 목표를 분명하게 제시할 수 있는 좋은 교재가 마련되면 효과적인 소그룹을 운영하는 데 큰 도움을 얻는다. 그러나 분주한 목회자의 입장에서는 직접 교재를 만든다는 것이 그리 쉬운 일이 아니다. 이런 어려움을 해결할 수 있도록 돕기 위해 마련된 것이 "옥한흠 다락방 시리즈"이다.

　본 시리즈를 사용하는 데 있어 다음 몇 가지를 참고해 주기 바란다.

1. 이 교재는 소그룹에서 귀납적인 방법으로 성경을 공부하기 위해 만든 것이다. 즉 성경의 가르침을 일방적으로 주입하는 대신 충분한 토의를 통해 구성원들의 생각을 먼저 정리하고 그것을 성경의 가르침과 비교하도록 구성되었다. 결코 해답 베껴 쓰기 식의 공부가 되지 않도록 해야 한다. 서툴더라도 자기 인식과 활발한 토의 참여에 의한 생생한 결론이 나올 수 있도록 해야 한다. 따라서 지도자는 소그룹 환경에서 귀납적 방법으로 성경을 공부하는 것이 무엇인지를 반드시 먼저 배워야 한다.

2. 이 교재는 교역자가 매주 소그룹 지도자들을 먼저 예습시킨 다음 사용하게 해야 바람직한 효과를 기대할 수 있다. 소그룹 지도자는 공부할 내용을 충분히 이해해야 한다.

3. 소그룹에 참석하는 자들은 반드시 예습을 하도록 권장해야 한다.

4. 한 과를 공부하는 데에는 한 시간 이상이 필요하다. 그러므로 각 문제에 따라 답만 찾아보고 넘어가야 할 것과 충분한 토의를 통해 진지하게 적용할 것을 잘 구별해서 진행하는 것이 중요하다.

차례

광야에서 외치는 자의 소리

마가복음 1:1-8

1 하나님의 아들 예수 그리스도의 복음의 시작이라 2 선지자 이사야의 글에 보라 내가 내 사자를 네 앞에 보내노니 그가 네 길을 준비하리라 3 광야에 외치는 자의 소리가 있어 이르되 너희는 주의 길을 준비하라 그의 오실 길을 곧게 하라 기록된 것과 같이 4 세례 요한이 광야에 이르러 죄 사함을 받게 하는 회개의 세례를 전파하니 5 온 유대 지방과 예루살렘 사람이 다 나아가 자기 죄를 자복하고 요단 강에서 그에게 세례를 받더라 6 요한은 낙타털 옷을 입고 허리에 가죽 띠를 띠고 메뚜기와 석청을 먹더라 7 그가 전파하여 이르되 나보다 능력 많으신 이가 내 뒤에 오시나니 나는 굽혀 그의 신발끈을 풀기도 감당하지 못하겠노라 8 나는 너희에게 물로 세례를 베풀었거니와 그는 너희에게 성령으로 세례를 베푸시리라

마음의 문을 열며

오늘부터 마가복음을 함께 배우면서 은혜를 받고자 한다. 마가는 베드로의 제자로, 베드로를 통해 전해들은 예수 그리스도의 말씀과 행하심을 가장 간결하고 힘있게 기록해 놓았다. 사복음서 중에 가장 먼저 기록된 마가복음은 예수님을 종으로 묘사한다. 따라서 마가복음은 섬기기 위해 이 세상에 오신 하나님 아들 예수의 모습을 증거하기 위해 말씀보다 행함에 초점을 두고 이야기를 전개한다.

말씀의 씨를 뿌리며

1 본서의 저자인 마가에 대해 다음 성구들을 찾아보고 발견한 사실을 정
리해 보라(벧전 5:13; 막 14:51-52; 행 13:5, 13; 골 4:10).

_____

_____

_____

_____

_____

2 선지자 이사야는 언제 사람이며, 그는 세례 요한에 대해 무엇을 예언하
였는가? (사 1:1, 40:3-5)

_____

_____

_____

_____

3 이사야는 세례 요한을 외치는 자의 소리라고 표현하였다. 여기서 무엇
을 배울 수 있는가? (참고/ 요 3:30)

_____

_____

_____

_____

4 예수님을 맞이하는 준비는 어떻게 하는가? (3-4절)

_____

_____

_____

_____

5 왜 회개가 예수님을 영접하는 준비라고 생각하는가? 그리고 당신은 어떻게 회개하고 예수 그리스도를 영접하게 되었는가? (참고/ 막 1:15)

_____

_____

_____

_____

6 세례의 의미에 대해 말해 보라(4절).

_____

_____

_____

_____

7 세례 요한의 삶의 모습은 어떠했는가? (6절)

_____

_____

_____

_____

8 시대가 악해질수록 예수님과 회개를 외치는 세례 요한처럼 검소하게
살아야 한다. 왜 그런가?

9 세례 요한은 자신의 역할과 사명을 바로 파악하고 있었다. 무엇을 보고
알 수 있는가? (7-8절)

10 예수님은 성령으로 세례를 베푸신다는 점에서 세례 요한과는 달랐다.
그렇다면 성령세례란 무엇인가? 그리고 당신은 성령세례를 받았다는
사실을 어떻게 증명할 수 있는가? (눅 24:49; 행 1:5, 8; 고전 12:3)

삶의 열매를 거두며

선지자 이사야의 예언처럼 세례 요한은 광야에서 죄 사함을 받게 하는 회개의 세례를 전파하며 주의 길을 예비하였다. 이러한 세례 요한의 모습은 주님을 전하고 섬기는 자가 갖추어야 할 자세와 태도가 어떠해야 하는지 보여주고 있다. 즉 주님을 전하고 섬기려면 세례 요한처럼 오직 예수만을 자랑해야 하는 것이다. 당신은 어떤가? 이러한 태도를 가지고 있다 자신 있게 말할 수 있는지 정직하게 돌아보자.

복음 사역을 시작하시다

마가복음 1:9-13

9 그 때에 예수께서 갈릴리 나사렛으로부터 와서 요단 강에서 요한에게 세례를 받으시고 10 곧 물에서 올라오실새 하늘이 갈라짐과 성령이 비둘기 같이 자기에게 내려오심을 보시더니 11 하늘로부터 소리가 나기를 너는 내 사랑하는 아들이라 내가 너를 기뻐하노라 하시니라12 성령이 곧 예수를 광야로 몰아내신지라 13 광야에서 사십 일을 계시면서 사탄에게 시험을 받으시며 들짐승과 함께 계시니 천사들이 수종들더라

마음의 문을 열며

30여 년 동안 침묵을 지키며 준비하시던 예수님이 드디어 세상 앞에 그 모습을 드러
내셨다. 세상이 그토록 고대하던 구원자의 음성을 듣게 된 것이다. 따라서 예수님이
사역을 시작하면서 무엇부터 하셨는지를 살피는 것은 매우 중요하다. 본문 말씀에서
우리는 두 가지 면을 찾아볼 수 있다. 여기에서 우리가 배울 점은 무엇인지 성령의
음성에 귀를 기울여 보자.

말씀의 씨를 뿌리며

1 예수님이 복음사역을 시작하기 위해 제일 먼저 하신 일은 무엇인가? 그리고 그 순간 어떤 일이 일어났는가? (9-11절)

2 세례 요한이 베푼 물세례는 어떤 의미를 지니고 있는가? (참고/ 눅 3:3)

3 죄 없는 예수님이 세례를 받으신 이유는 무엇이라고 생각하는가? (참고 / 요 1:29)

4 예수님이 세례를 받으시는 모습을 보면서 각자 느낀 점이 있다면 말해
보라.

_____

_____

_____

_____

5 세례를 받으신 후 예수님이 하신 일은 무엇인가? (12-13절, 참고/ 마 4:1-
11)

_____

_____

_____

_____

6 예수님이 사탄에게 시험을 당하신 이유는 무엇인가? (롬 5:18-19)

_____

_____

_____

_____

7 우리가 시험을 당할 때마다 마귀에게 대적할 말이 있다. 그것이 무엇인가? (참고/ 벧전 5:8-9)

8 당신은 어떤 유형의 시험을 주로 받는가? 그리고 시험을 당할 때마다 어떻게 그 시험을 이기는가? 각자 자신의 경험을 가지고 이야기해 보라.

9 예수님이 시험을 이기신 후 어떤 일이 있었는가? (13절)

삶의 열매를 거두며

요단 강에서 요한에게 세례를 받으신 예수님은 성령님의 인도하심에 따라 광야로 향하셨다. 그리고 그곳에서 예수님은 사십일을 계시면서 사탄에게 시험을 받으셨다. 뿐만 아니라, 그 시험에서 승리하셨다. 예수님께서 시험을 받으시고 승리하셨다는 사실이 우리에게 가져다 주는 확신이 있다. 그것은 무엇이며, 이러한 확신이 가져다 주는 유익은 무엇인지 생각해 보라(참고/ 히 2:18; 고후 1:4-5).

Lesson 03

제자들을 부르시다

마가복음 1:14-20

14 요한이 잡힌 후 예수께서 갈릴리에 오셔서 하나님의 복음을 전파하여 15 이르시되 때가 찼고 하나님의 나라가 가까이 왔으니 회개하고 복음을 믿으라 하시더라 16 갈릴리 해변으로 지나가시다가 시몬과 그 형제 안드레가 바다에 그물 던지는 것을 보시니 그들은 어부라 17 예수께서 이르시되 나를 따라오라 내가 너희로 사람을 낚는 어부가 되게 하리라 하시니 18 곧 그물을 버려 두고 따르니라 19 조금 더 가시다가 세베대의 아들 야고보와 그 형제 요한을 보시니 그들도 배에 있어 그물을 깁는데 20 곧 부르시니 그 아버지 세베대를 품꾼들과 함께 배에 버려 두고 예수를 따라가니라

마음의 문을 열며

예수님은 복음사역을 시작하면서 먼저 제자들을 부르셨다. 그는 다른 위대한 스승처럼 자기의 명성을 듣고 몰려드는 자들을 택하지 않았다. 오히려 그는 겸손한 스승의 모습으로 몸소 제자들을 찾아 다니셨다. 마치 우리 모두를 그의 제자로 삼기 위하여 하늘 보좌를 버리고 이 땅까지 찾아오신 것처럼 제자들을 부르신 것이다. 우리는 갈릴리 바닷가를 찾아가시는 주님의 모습을 보면서 머리를 숙이지 않을 수 없다.

말씀의 씨를 뿌리며

1 예수님이 처음으로 전하신 복음의 내용은 무엇인가? (14-15절)

2 "때가 찼다"는 말의 의미는 무엇이라고 생각하는가? 그리고 하나님의 나라에 대해 아는 바를 말해 보라(참고/ 마 3:2; 갈 4:4; 눅 17:20-21).

3 왜 회개를 해야 복음을 믿을 수 있는가? 회개 없는 믿음의 예를 들어 보라(참고/ 행 8:21-23).

23

4 당신의 믿음은 진정한 회개를 포함하고 있는가? 무엇으로 그렇다고 증
명할 수 있는가?

_____

_____

_____

_____

5 시몬과 안드레를 어디에서 제자로 부르셨는가? 예수님이 산 중에 들어
가서 기도하고 있는 자들이 아닌, 생업에 종사하던 자들을 부르셨다는
사실에서 발견할 수 있는 것은 무엇인가? (16절)

_____

_____

_____

_____

6 예수님은 제자들을 찾아 다니며 부르셨다. 이 사실에서 당신이 느끼는
것은 무엇인지 말해 보라.

_____

_____

_____

_____

7 제자들을 부르신 목적은 무엇이며, 이는 무엇을 교훈한다고 생각하는
가? (17절, 참고/ 행 1:8)

_____

_____

_____

_____

8 예수님의 부르심에 네 제자들은 어떻게 응답하였는가?

_____

_____

_____

_____

9 "버려두고 따르다"는 말의 의미는 무엇인가? (18, 20절, 참고/ 눅 14:25-
33절)

_____

_____

_____

_____

삶의 열매를 거두며

겸손한 스승이신 예수님께서는 몸소 찾아 다니시며 제자들을 부르셨다. 그리고 이 부르심에 대해 제자들은 "버려 두고 따름"으로 응답하였다. 지금도 예수님께서는 우리 한 사람 한 사람을 찾아오셔서 부르시고 계신다. 당신은 어떤가? 당신은 "버려두고 따르는" 예수 그리스도의 제자가 되었다고 말할 수 있는가? (참고/ 빌 3:7-8)

예수님의 권세

마가복음 1:21-34

21 그들이 가버나움에 들어가니라 예수께서 곧 안식일에 회당에 들어가 가르치시매 22 뭇 사람이 그의 교훈에 놀라니 이는 그가 가르치시는 것이 권위 있는 자와 같고 서기관들과 같지 아니함일러라 23 마침 그들의 회당에 더러운 귀신 들린 사람이 있어 소리 질러 이르되 24 나사렛 예수여 우리가 당신과 무슨 상관이 있나이까 우리를 멸하러 왔나이까 나는 당신이 누구인 줄 아노니 하나님의 거룩한 자니이다 25 예수께서 꾸짖어 이르시되 잠잠하고 그 사람에게서 나오라 하시니 26 더러운 귀신이 그 사람에게 경련을 일으키고 큰 소리를 지르며 나오는지라 27 다 놀라 서로 물어 이르되 이는 어찜이냐 권위 있는 새 교훈이로다 더러운 귀신들에게 명한즉 순종하는도다 하더라 28 예수의 소문이 곧 온 갈릴리 사방에 퍼지더라 29 회당에서 나와 곧 야고보와 요한과 함께 시몬과 안드레의 집에 들어가시니 30 시몬의 장모가 열병으로 누워 있는지라 사람들이 곧 그 여자에 대하여 예수께 여짜온대 31 나아가사 그 손을 잡아 일으키시니 열병이 떠나고 여자가 그들에게 수종드니라 32 저물어 해 질 때에 모든 병자와 귀신 들린 자를 예수께 데려오니 33 온 동네가 그 문 앞에 모였더라 34 예수께서 각종 병이 든 많은 사람을 고치시며 많은 귀신을 내쫓으시되 귀신이 자기를 알므로 그 말하는 것을 허락하지 아니하시니라

마음의 문을 열며

예수님은 네 제자와 함께 가버나움에서 안식일을 보내게 되셨다. 이 시간 우리가 함께 나눌 본문은 예수님의 하루 일과가 빠짐없이 기록되어 있는 것으로 유명하다. 예수님이 얼마나 쉴 틈 없이 쫓기는 생활을 하고 계셨는지 쉽게 찾아볼 수 있다. 이 때 가버나움 사람들이 예수님에게서 발견한 것은 무엇인가? 그것은 예수님만의 독특한 권세였다. 우리의 신앙생활은 예수님의 권세 혹은 권위를 어느 정도 깨닫고 믿느냐에 따라 크게 좌우된다. 그의 권세를 전적으로 인정하는 사람은 그 믿음이 절대로 흔들리지 않을 것이기 때문이다.

말씀의 씨를 뿌리며

1 예수님은 안식일에 회당에서 무엇을 하셨는가? (21절)

_____

_____

_____

_____

2 사람들은 무엇을 보고 놀랐는가? 그리고 이렇게 놀란 이유는 무엇인가?
(22절)

_____

_____

_____

_____

3 권세 혹은 권위에 대해 다음의 사람들이 가진 특징은 무엇인가? 그리고
예수님이 가지신 권세는 어떤 점에서 사람들의 권세와 다르다고 생각
하는가? (참고/ 마 21:33-41; 골 1:15-17)

O 왕/

_____

O 교수/

_____

O 기술자/

_____

○ 예수님/

4 예수님의 교훈이 특별한 권세를 가지고 있다는 점이 우리에게 요구하는 바는 무엇인가? (참고/ 마 21:33-41; 골 1:15-17)

5 회당에서 예배하는 중에 귀신들린 사람이 들어와 예수님을 대적하였다. 귀신들린 사람의 말에서 발견할 수 있는 중요한 두 가지 사실이 무엇인지 말해 보라. 그리고 귀신마저 이러한 사실을 알고 있다는 것이 우리에게 주는 교훈은 무엇이라고 생각하는가? (23-24절)

6 예수님은 선생으로서의 권세만 아니라, 귀신을 굴복시키는 권세도 갖고 계시다는 사실을 어떻게 알 수 있는가? (25-27절)

7 당신은 귀신이나 악령에 대해 예수 믿기 전에는 어떤 생각을 가지고 있었는가? 그리고 지금은 그때와 비교해서 어떤 점이 달라졌는가?

_____

_____

_____

_____

8 예수님은 예배를 마치신 후 그 날 오후와 저녁을 어떻게 보내셨는가? (29-34절)

_____

_____

_____

_____

9 이 때 예수님이 행하신 일을 통해 우리는 예수님이 가지신 또 하나의 권세를 볼 수 있다. 그것은 무엇인가?

_____

_____

_____

_____

삶의 열매를 거두며

오늘 본문은 예수님께서 가지신 독특한 권세가 무엇인지 잘 보여주고 있다. 예수님 께서 가지신 권세를 바르게 깨닫고 믿는다면, 우리는 실제 생활 속에서 많은 유익을 누리게 된다. 당신은 예수님께서 이러한 세 가지 권세를 가지고 계시다는 사실에 대 해 분명한 확신이 있는가? 만일 아직도 성경 말씀을 경시하거나 귀신을 두려워하거 나 병에 대해 담대한 마음이 없다면, 그 원인을 어디에서 찾아야 한다고 생각하는 가?

Lesson **05**

깨끗함을 받으라

마가복음 1:35-45

35 새벽 아직도 밝기 전에 예수께서 일어나 나가 한적한 곳으로 가사 거기서 기도하시더니 36 시몬과 및 그와 함께 있는 자들이 예수의 뒤를 따라가 37 만나서 이르되 모든 사람이 주를 찾나이다 38 이르시되 우리가 다른 가까운 마을들로 가자 거기서도 전도하리니 내가 이를 위하여 왔노라 하시고 39 이에 온 갈릴리에 다니시며 그들의 여러 회당에서 전도하시고 또 귀신들을 내쫓으시더라 40 한 나병환자가 예수께 와서 꿇어 엎드려 간구하여 이르되 원하시면 저를 깨끗하게 하실 수 있나이다 41 예수께서 불쌍히 여기사 손을 내밀어 그에게 대시며 이르시되 내가 원하노니 깨끗함을 받으라 하시니 42 곧 나병이 그 사람에게서 떠나가고 깨끗하여진지라 43 곧 보내시며 엄히 경고하사 44 이르시되 삼가 아무에게 아무 말도 하지 말고 가서 네 몸을 제사장에게 보이고 네가 깨끗하게 되었으니 모세가 명한 것을 드려 그들에게 입증하라 하셨더라 45 그러나 그 사람이 나가서 이 일을 많이 전파하여 널리 퍼지게 하니 그러므로 예수께서 다시는 드러나게 동네에 들어가지 못하시고 오직 바깥 한적한 곳에 계셨으나 사방에서 사람들이 그에게로 나아오더라

마음의 문을 열며

예수님이 전도활동을 시작하자 수많은 사람들로부터 환영을 받았다. 유대 전국에 아무도 억누를 수 없는 흥분이 일어나고 있었다. 그들이 오랫동안 대망하던 새시대가 열리고 있다는 기대감으로 예수님을 찾아오는 무리의 수는 날로 증가했다. 그러나 예수님은 군중의 요구대로 행동하지 않으셨다. 예수님은 아무도 간섭할 수 없는 독자적인 원칙과 목적을 가지고 계셨다. 그의 나라는 사람들이 바라는 이 세상 왕국이 아니기 때문이다.

말씀의 씨를 뿌리며

1 예수님은 일이 잘 될수록 기도하기에 더욱 힘쓰셨다. 이 사실을 어떻게 알 수 있는가? (35절, 참고/ 마 14:21-23)

_____

_____

_____

2 예수님의 기도로부터 우리는 중요한 기로의 원리 몇 가지를 찾을 수 있다. 아는 대로 말해 보라. 그리고 당신의 기도생활과 비교해 보라(참고/ 막 1:32-34).

_____

_____

_____

3 가버나움 사람들이 예수님을 독점하려고 찾아 다닐 때, 주님은 무엇이라고 대답하셨는가? 그리고 그 이유는 무엇인가? (37-38절)

_____

_____

_____

4 우리에게도 예수님이 필요한 다른 사람들을 무시한 채 "나의 예수님"으로만 독점하려는 경향이 없는가?

_____

_____

_____

5 문둥병자를 향해 주님이 하신 말씀은 무엇인가? 이를 통해 각자가 깨닫고 느낀 점을 말해 보라(41절).

_____

_____

_____

6 문둥병은 영적으로 무엇을 상징하는가? 그리고 당신에게는 이러한 영적 증세가 없는지 말해 보라(참고/ 마 13:13-15).

_____

_____

_____

_____

7 문둥병자를 고치신 예수님은 무엇이라고 말씀하셨나? (44절)

_____

_____

_____

8 예수님은 왜 문둥병자에게 아무 말도 하지 못하게 하셨을까? 다음의 몇 가지 가정을 가지고 그 이유를 생각해 보라.

   ○ 이적을 행하는 자로서의 이미지/

   ○ 때가 이르지 않음/

   ○ 복음 사역에 지장/

9 문둥병자에게 제사장을 찾아가라고 한 이유는 무엇인가? 그리고 이를 통해 알 수 있는 예수님과 율법의 관계는 무엇인가? (레 14:1-7; 마 5:17-18)

삶의 열매를 거두며

오늘 배운 말씀 가운데 예수님에 대해 당신이 새롭게 발견한 사실은 무엇인지 각자

이야기해 보자.

Lesson 06

죄 사함을 받았느니라

마가복음 2:1-12

¹ 수 일 후에 예수께서 다시 가버나움에 들어가시니 집에 계시다는 소문이 들린지라 ² 많은 사람이 모여서 문 앞까지도 들어설 자리가 없게 되었는데 예수께서 그들에게 도를 말씀하시더니 ³ 사람들이 한 중풍병자를 네 사람에게 메워 가지고 예수께로 올 새 ⁴ 무리들 때문에 예수께 데려갈 수 없으므로 그 계신 곳의 지붕을 뜯어 구멍을 내고 중풍병자가 누운 상을 달아 내리니 ⁵ 예수께서 그들의 믿음을 보시고 중풍병자에게 이르시되 작은 자야 네 죄 사함을 받았느니라 하시니 ⁶ 어떤 서기관들이 거기 앉아서 마음에 생각하기를 ⁷ 이 사람이 어찌 이렇게 말하는가 신성 모독이로다 오직 하나님 한 분 외에는 누가 능히 죄를 사하겠느냐 ⁸ 그들이 속으로 이렇게 생각하는 줄을 예수께서 곧 중심에 아시고 이르시되 어찌하여 이것을 마음에 생각하느냐 ⁹ 중풍병자에게 네 죄 사함을 받았느니라 하는 말과 일어나 네 상을 가지고 걸어가라 하는 말 중에서 어느 것이 쉽겠느냐 ¹⁰ 그러나 인자가 땅에서 죄를 사하는 권세가 있는 줄을 너희로 알게 하려 하노라 하시고 중풍병자에게 말씀하시되 ¹¹ 내가 네게 이르노니 일어나 네 상을 가지고 집으로 가라 하시니 ¹² 그가 일어나 곧 상을 가지고 모든 사람 앞에서 나가거늘 그들이 다 놀라 하나님께 영광을 돌리며 이르되 우리가 이런 일을 도무지 보지 못하였다 하더라

마음의 문을 열며

예수님이 두 번째 가버나움을 방문하여 중풍병자를 고치신 이적은 우리에게 대단히 중요한 진리를 가르쳐 준다. 어떤 이적이든지 그 속에는 예수 그리스도가 증거되고 나타나야 한다는 것이다. 그렇지 않다면 그 이적은 하나님의 뜻에 일치하는 것이라 고 할 수 없다. 기독교 세계에서도 종종 사람들의 눈을 어둡게 하는 이적 기사들을 보게 된다. 그러므로 하나님의 이적과 인간의 이적을 식별할 수 있는 눈을 가지는 것 이 중요하다.

1 큰 인파가 모여 들었을 때, 예수님은 무엇을 하셨는가? (1-2절)

2 이적 기사를 보려고 모인 군중에게 말씀을 가르치시는 예수님의 모습에서 무엇을 배울 수 있는가? (참고/ 마 4:4)

3 당신은 경제적인 어려움이나 육체의 질병보다도 하나님의 말씀을 배우고 깨닫는 일이 더 중요하다고 믿는가? 믿는다면 그 믿음이 당신의 생각과 생활에 실제로 어떠한 영향을 미치는지 말해 보라.

4 중풍병자가 예수님 앞으로 나오게 된 경위를 설명하라. 그리고 이를 통해 느끼고 깨달은 사실을 각자 한 가지씩 말해 보라(3-4절).

---

5 예수님은 중풍병자를 향해 "네 죄 사함을 받았느니라"고 선언하셨다. 이 말은 "네 병이 나았느니라"는 의미로 볼 수 있다. 왜 그런가? (9-10절, 참고/ 요 5:14; 약 5:15)

---

6 예수님의 말씀을 가지고 서기관들은 무엇이라고 생각하였는가? 이들의 생각 가운데 옳은 것은 무엇이며 틀린 점은 무엇인지 말해 보라(6-7절).

---

7 서기관들이 오해하게 된 근본적인 원인은 어디에 있다고 생각하는가?
(참고/ 요 10:30, 33)

_____

_____

_____

_____

_____

8 당신은 예수님이 죄사함의 권세를 가지고 계시다고 확신하는가? 그렇
다면 어떻게 확신을 갖게 되었는가?

_____

_____

_____

_____

_____

9 죄사함의 확신이 당신에게 주는 유익은 무엇인지 말해 보라(참고/ 롬
5:1-2, 6:14, 8:33-34).

_____

_____

_____

_____

_____

삶의 열매를 거두며

모든 이적 기사가 그렇듯이, 예수님께서 중풍병자를 고치신 사건 역시 예수님이 어떤 분이신지를 증거하는 중요한 수단이 되었다. 오늘 배운 본문을 통해 예수님에 대해 새롭게 깨달은 사실이 있다면, 그것이 무엇인지 각자 나눠보도록 하자.

죄인을 부르러 왔노라

마가복음 2:13-22

13 예수께서 다시 바닷가에 나가시매 큰 무리가 나왔거늘 예수께서 그들을 가르치시니라 14 또 지나가시다가 알패오의 아들 레위가 세관에 앉아 있는 것을 보시고 그에게 이르시되 나를 따르라 하시니 일어나 따르니라 15 그의 집에 앉아 잡수실 때에 많은 세리와 죄인들이 예수와 그의 제자들과 함께 앉았으니 이는 그러한 사람들이 많이 있어서 예수를 따름이러라 16 바리새인의 서기관들이 예수께서 죄인 및 세리들과 함께 잡수시는 것을 보고 그의 제자들에게 이르되 어찌하여 세리 및 죄인들과 함께 먹는가 17 예수께서 들으시고 그들에게 이르시되 건강한 자에게는 의사가 쓸 데 없고 병든 자에게라야 쓸 데 있느니라 나는 의인을 부르러 온 것이 아니요 죄인을 부르러 왔노라 하시니라 18 요한의 제자들과 바리새인들이 금식하고 있는지라 사람들이 예수께 와서 말하되 요한의 제자들과 바리새인의 제자들은 금식하는데 어찌하여 당신의 제자들은 금식하지 아니하나이까 19 예수께서 그들에게 이르시되 혼인 집 손님들이 신랑과 함께 있을 때에 금식할 수 있느냐 신랑과 함께 있을 동안에는 금식할 수 없느니라 20 그러나 신랑을 빼앗길 날이 이르리니 그 날에는 금식할 것이니라 21 생베 조각을 낡은 옷에 붙이는 자가 없나니 만일 그렇게 하면 기운 새 것이 낡은 그것을 당기어 해어짐이 더하게 되느니라 22 새 포도주를 낡은 가죽 부대에 넣는 자가 없나니 만일 그렇게 하면 새 포도주가 부대를 터뜨려 포도주와 부대를 버리게 되리라 오직 새 포도주는 새 부대에 넣느니라 하시니라

마음의 문을 열며

예수님은 레위 마태를 제자로 부르시면서 자신이 세상에 오신 분명한 목적을 말씀하셨다. 그는 죄인 마태를 부르시듯이 세상의 죄인들을 불러 구원하러 오셨다. 자기를 죄인으로 알고 구원자를 기다리던 자들에게 예수님은 잔칫집의 신랑처럼 기쁨과 희망을 안겨 주셨다. 어느 누구도 기뻐하고 즐거워하지 않을 수 없다. 분명히 새로운 시대가 찾아온 것이다.

말씀의 씨를 뿌리며

1 바닷가에서 무리를 가르치시던 예수님은 무엇을 하셨는가? (13-14절)

2 예수님이 레위를 만나신 이야기를 가지고 다음 몇 가지를 생각해 보라.

- o 레위의 직업/

- o 예수님을 만나게 된 동기와 현장/

- o 제자로 부르심/

- o 레위의 반응/

3 레위 마태와 예수님의 만남과 당신과 예수님의 만남에 있어서 공통점은 무엇인가?

4 바리새인 중 서기관들은 무엇을 가지고 예수님을 비난했는가? 그리고 이에 대한 예수님의 답변은 무엇이었는지 쉬운 말로 정리해 보라(15-17절).

_____

_____

_____

_____

5 예수님의 대답에 비추어 볼 때 당시 서기관들이 안고 있었던 심각한 문제는 무엇이었나?

_____

_____

_____

_____

6 당신에게는 서기관들과 같은 문제가 없는가? 있다면, 이것이 어떤 결과를 초래하게 될 것이라고 보는가?

_____

_____

_____

_____

7 예수님의 제자들이 받은 비난은 무엇인가? (18절, 참고/ 마 11:18-19)

_____

_____

_____

_____

8 금식하지 않아도 좋은 이유를 예수님은 세 가지 비유로 설명하셨다. 한 가지씩 설명해 보라(19-22절).

○ 신랑과 혼인 집 손님/

_____

_____

○ 생베 조각과 낡은 옷/

_____

_____

○ 새 포도주와 낡은 가죽 부대/

_____

_____

9 당신은 "새 포도주는 새 부대에"라는 정신으로 신앙생활을 하고 있는 가? 그 증거를 구체적으로 들어 보라.

_____

_____

_____

삶의 열매를 거두며

오늘 본문은 예수님께서 이 땅에 오신 목적을 분명히 보여주고 있다. 그것은 죄인을 불러 구원하러 오신 것이다. 따라서 자신이 죄인임을 인정하고 구원자를 기다리던 사람이라면, 예수님으로 인해 마땅히 기뻐하고 즐거워해야 할 것이다. 오늘 배운 말씀을 통해 각자 받은 은혜를 다시 한 번 정리해 보라.

인자는 안식일의 주인이시다

마가복음 2:23-3:6

23 안식일에 예수께서 밀밭 사이로 지나가실새 그의 제자들이 길을 열며 이삭을 자르니 24 바리새인들이 예수께 말하되 보시오 저들이 어찌하여 안식일에 하지 못할 일을 하나이까 25 예수께서 이르시되 다윗이 자기와 및 함께 한 자들이 먹을 것이 없어 시장할 때에 한 일을 읽지 못하였느냐 26 그가 아비아달 대제사장 때에 하나님의 전에 들어가서 제사장 외에는 먹어서는 안 되는 진설병을 먹고 함께 한 자들에게도 주지 아니하였느냐 27 또 이르시되 안식일이 사람을 위하여 있는 것이요 사람이 안식일을 위하여 있는 것이 아니니 28 이러므로 인자는 안식일에도 주인이니라 1 예수께서 다시 회당에 들어가시니 한쪽 손 마른 사람이 거기 있는지라 2 사람들이 예수를 고발하려 하여 안식일에 그 사람을 고치시는가 주시하고 있거늘 3 예수께서 손 마른 사람에게 이르시되 한 가운데에 일어서라 하시고 4 그들에게 이르시되 안식일에 선을 행하는 것과 악을 행하는 것, 생명을 구하는 것과 죽이는 것, 어느 것이 옳으냐 하시니 그들이 잠잠하거늘 5 그들의 마음이 완악함을 탄식하사 노하심으로 그들을 둘러 보시고 그 사람에게 이르시되 네 손을 내밀라 하시니 내밀매 그 손이 회복되었더라 6 바리새인들이 나가서 곧 헤롯당과 함께 어떻게 하여 예수를 죽일까 의논하니라

마음의 문을 열며

안식일을 어떻게 지키는 것이 옳은지에 대해 예수님과 유대 지도자들 사이에는 충돌이 자주 일어났다. 오늘 우리가 배우게 될 본문은 안식일 논쟁이 어떻게 일어나게 되었으며 논쟁의 핵심이 무엇인지를 잘 설명하고 있다. 당시 예수님이 안식일에 대해 가르치신 교훈은 너무나 혁명적인 것이었다. 심지어 그를 죽여야 한다는 말까지 나올 정도였다.

말씀의 씨를 뿌리며

1 안식일에 제자들은 무엇을 하였는가? 그리고 이에 대해 바리새인들은 어떤 반응을 보였는가? (23-24절, 참고/ 눅 6:1)

2 예수님이 안식일에 회당에서 한 쪽 손마른 사람을 고치셨을 때 바리새인들은 어떤 반응을 보였는가? (5-6절)

3 바리새인들은 예수님이 하시는 일에 대해 매우 강한 거부 반응을 보였다. 그 이유는 무엇인가? (24절, 참고/ 요 5:10)

4 당시 유대인들은 이른바 '유전'을 지키고 있었다. 그 유전 중에는 안식일에 해서는 안 될 39가지 일들이 명시되어 있었다. 제자들이 이삭을 잘라 먹은 것이나 환자가 들것을 들고 다니는 것은 이 유전에 어긋나는 것으로 보았다. 예수님은 이러한 그들의 생각을 악으로 보았다. 다음의 성구를 가지고 그 이유를 생각해 보라(막 7:8-9, 12-13).

_____

_____

_____

5 신앙생활을 하면서 우리도 비슷한 과오를 범할 수 있는 위험은 없는가? 좋은 예가 있다면 나누어 보자.

_____

_____

_____

6 이러한 바리새인들의 반응에 대해 예수님은 제자들의 행위가 잘못된 것이 아니라고 반박하셨다. 예수님은 어떤 예를 들어 반박하셨는가? 그리고 이를 통해 예수님이 교훈하고자 하신 진리의 핵심은 무엇인가? (25-26절, 참고/ 삼상 21:1-6)

_____

_____

_____

7 27절 말씀을 각자 쉬운 말로 정리해 보자. 그리고 마태복음 12:11-12와 비교하면서, 본문의 핵심이 무엇인지 말해 보라.

_____

_____

_____

_____

8 왜 예수님의 안식일 해석이 바리새인들의 해석보다 더 권위가 있는가? 그 이유를 말해 보라(28절).

_____

_____

_____

_____

9 우리는 유대인이 지키던 토요일이 아닌, 주님이 부활하신 주일을 안식일로 지키고 있다. 그리고 지금은 구약시대처럼 안식일을 법으로 강요하지 않는다. 골로새서 2:16-17을 가지고 그 이유를 찾아 보라.

_____

_____

_____

_____

안식일의 주인이 예수 그리스도시라면, 그날에 우리가 우선으로 해야 할 것이 무엇인지는 분명하다. 각자 그날에 마음을 쏟아야 할 일들이 무엇인지 말해 보라. 그리고 주일 성수에 대해 가책을 받고 있는 것이 있으면 솔직하게 털어놓고 함께 기도하면서 주님의 도우심을 간구하자.

열두 제자를 부르시다

마가복음 3:7-19

7 예수께서 제자들과 함께 바다로 물러가시니 갈릴리에서 큰 무리가 따르며 8 유대와 예루살렘과 이두매와 요단 강 건너편과 또 두로와 시돈 근처에서 많은 무리가 그가 하신 큰 일을 듣고 나아오는지라 9 예수께서 무리가 에워싸 미는 것을 피하기 위하여 작은 배를 대기하도록 제자들에게 명하셨으니 10 이는 많은 사람을 고치셨으므로 병으로 고생하는 자들이 예수를 만지고자 하여 몰려왔음이더라 11 더러운 귀신들도 어느 때든지 예수를 보면 그 앞에 엎드려 부르짖어 이르되 당신은 하나님의 아들이니이다 하니 12 예수께서 자기를 나타내지 말라고 많이 경고하시니라 13 또 산에 오르사 자기가 원하는 자들을 부르시니 나아온지라 14 이에 열둘을 세우셨으니 이는 자기와 함께 있게 하시고 또 보내사 전도도 하며 15 귀신을 내쫓는 권능도 가지게 하려 하심이러라 16 이 열둘을 세우셨으니 시몬에게는 베드로란 이름을 더하셨고 17 또 세베대의 아들 야고보와 야고보의 형제 요한이니 이 둘에게는 보아너게 곧 우레의 아들이란 이름을 더하셨으며 18 또 안드레와 빌립과 바돌로매와 마태와 도마와 알패오의 아들 야고보와 및 다대오와 가나나인 시몬이며 19 또 가룟 유다니 이는 예수를 판 자더라

마음의 문을 열며

예수님의 인기는 날이 갈수록 폭발적으로 높아만 갔다. 유대 나라 역사상 그 유례를 보기 어려울 정도의 군중들이 그를 따라 다녔다. 그 많은 사람 가운데서 예수는 12명의 제자를 선택하셨다. 왜 그들을 따로 부르셨을까? 그리고 제자들이 누리게 된 특권은 무엇인가? 그들과 우리는 어떤 점에서 다른가?

말씀의 씨를 뿌리며

1 예수님의 인기는 절정에 이르고 있었다. 지도를 펴놓고 어떤 지역의 사람들까지 몰려들고 있었는지 찾아 보라(7-8절).

2 무리가 미는 것을 피하기 위해 주님은 어떻게 하셨는가? 그리고 그 다음에는 무엇을 하셨는가? (9절, 참고/ 마 13:2-3)

3 예수님은 바다에서 산으로 오르신 후 무엇을 하셨는가? (13절)

4 예수님이 원하는 자들을 불렀다는 말씀에서 느끼는 바가 있으면 말해
보라(참고/ 요 13:1, 15:16).

_____

_____

_____

5 예수님에게는 제자를 선택하는 일이 매우 중요한 일이었다. 무엇을 보
고 알 수 있는가? (참고/ 눅 6:12-13)

_____

_____

_____

6 열두 제자들을 세우신 이유 세 가지를 말해 보라(14-15절, 참고/ 눅
6:13).

_____

_____

_____

7 열두 제자들의 이름을 주의 깊게 살펴보라. 제자들의 인품과 배경을 보
면 주님은 별 볼일 없는 평범한 사람들, 어떤 의미에서는 자격 미달자들
을 택하신 것이 틀림없다. 왜 그렇게 말할 수 있는가?

o 어부들/

o 세리/

o 우레의 아들(눅 9:54)/

o 가나나인/

o 가룟/

8 위와 같은 사실에서 우리는 어떤 은혜를 받을 수 있는가? (참고/ 고전 1:26-29)

9 예수님이 열두 제자를 선정하시고 3년 동안 그들을 훈련시킨 목적이 무엇인가? 다음의 성구를 가지고 대답하라.

o 마태복음 4:19 (참고/ 막 16:15)

o 에베소서 2:20

삶의 열매를 거두며

열두 제자들이 어떻게 최후를 마쳤는지 성경은 야고보와 가룟 유다에 대해서만 언급하고 있다. 전설에 의하면, 그 나머지 제자들은 모두 다 복음을 전하다 순교 당하였다고 한다. 한 마디로 그들은 자기를 불러주신 예수님의 마음에 실망을 드리지 않았던 것이다. 당신은 어떤가? 당신도 제자들처럼 살고 싶지 않은가?

누가 내 가족이냐

마가복음 3:20-35

20 집에 들어가시니 무리가 다시 모이므로 식사할 겨를도 없는지라 21 예수의 친족들이 듣고 그를 붙들러 나오니 이는 그가 미쳤다 함일러라 22 예루살렘에서 내려온 서기관들은 그가 바알세불이 지폈다 하며 또 귀신의 왕을 힘입어 귀신을 쫓아낸다 하니 23 예수께서 그들을 불러다가 비유로 말씀하시되 사탄이 어찌 사탄을 쫓아낼 수 있느냐 24 또 만일 나라가 스스로 분쟁하면 그 나라가 설 수 없고 25 만일 집이 스스로 분쟁하면 그 집이 설 수 없고 26 만일 사탄이 자기를 거슬러 일어나 분쟁하면 설 수 없고 망하느니라 27 사람이 먼저 강한 자를 결박하지 않고는 그 강한 자의 집에 들어가 세간을 강탈하지 못하리니 결박한 후에야 그 집을 강탈하리라 28 내가 진실로 너희에게 이르노니 사람의 모든 죄와 모든 모독하는 일은 사하심을 얻되 29 누구든지 성령을 모독하는 자는 영원히 사하심을 얻지 못하고 영원한 죄가 되느니라 하시니 30 이는 그들이 말하기를 더러운 귀신이 들렸다 함이러라 31 그 때에 예수의 어머니와 동생들이 와서 밖에 서서 사람을 보내어 예수를 부르니 32 무리가 예수를 둘러 앉았다가 여짜오되 보소서 당신의 어머니와 동생들과 누이들이 밖에서 찾나이다 33 대답하시되 누가 내 어머니며 동생들이냐 하시고 34 둘러 앉은 자들을 보시며 이르시되 내 어머니와 내 동생들을 보라 35 누구든지 하나님의 뜻대로 행하는 자가 내 형제요 자매요 어머니이니라

마음의 문을 열며

예수님이 세상에서 일하실 동안 그를 이해한 사람이 몇이나 되었을까? 자기가 하는 일을 부모형제마저 알아주지 못한다면, 그는 정말 고독한 사람이라고 말할 수 있다. 예수님의 명성이 사방에 퍼지고 수많은 무리들이 그를 추종하였지만 예수님의 가족들은 끝까지 냉담하였던 것을 볼 수 있다. 그뿐 아니라 예수님을 비정상적인 사람으로까지 보았다. 지금도 하나님의 일에 헌신하는 사람들은 종종 예수님이 당한 고독을 되씹어야 할 때가 많다. 어떤 의미에서는 이 고독을 모르면 아직 하나님께 순종하는 삶을 다 이해한다고 할 수 없을 것이다.

말씀의 씨를 뿌리며

1 하나님의 뜻대로 사는 사람에게는 한가할 틈이 없다. 놀면서 주의 일을 할 수는 없는 것이다. 무엇을 보고 알 수 있는가? (20절)

_____

_____

_____

2 서기관들은 예수님을 어떻게 비난하였는가? 그리고 그 의미는 무엇인 가? (22절)

_____

_____

_____

3 예수님은 서기관들의 비난에 대해 4가지 비유를 가지고 그들의 부당성 을 반박하셨다. 그 가운데 3가지 비유를 설명하라. 이 비유들이 말하는 핵심은 무엇인가? (24-26절)

_____

_____

_____

4 교회와 가정에 이 말씀의 원리를 적용할 때 우리가 배워야 할 진리는 무엇인가? (참고/ 요 17:11; 엡 4:3, 5:21)

_____

_____

_____

_____

5 예수님이 네 번째로 인용하신 비유는 무엇인가? 그리고 그것은 무엇을 교훈하는가? (27절)

_____

_____

_____

_____

6 이 원리를 가지고 하나님의 자녀 된 우리에게 적용할 수 있는 것은 무엇인가? (참고/ 요 10:28-29; 요일 5:18)

_____

_____

_____

_____

7 서기관들의 입장을 염두에 두고 성령을 훼방하는 죄가 무엇인지 살펴
보라. 그리고 우리가 이러한 죄에 빠질 가능성은 없는지 점검해 보라
(29-30절).

_____

_____

_____

_____

8 예수님의 가족은 무엇을 하려고 하였는가? (21, 31절)

_____

_____

_____

_____

9 예수님의 가족들은 어떤 점에서 예수님의 행동을 이해할 수 없었다고
생각하는가?

　○ 가정과 직업/

_____

　○ 그의 폭발적인 인기/

_____

　○ 집권 세력과의 마찰/

_____

삶의 열매를 거두며

어머니와 동생들이 자신을 찾는다는 이야기를 들은 예수님은 "누가 내 어머니며 동생들이냐"라고 반문하셨다. 그런 다음 자신과 함께 둘러 앉은 자들을 보시며 "내 어머니요 내 동생들을 보라"고 말씀하셨다. 이를 통해 예수님께서 말씀하시고자 하는 바는 무엇인가? 그리고 이 말씀에 비추어 당신은 예수님의 형제요 자매라고 말할 수 있는지 솔직하게 답해 보라. (34-35절)

씨 뿌리는 비유(1)

마가복음 4:1-17

1 예수께서 다시 바닷가에서 가르치시니 큰 무리가 모여들거늘 예수께서 바다에 떠 있는 배에 올라 앉으시고 온 무리는 바닷가 육지에 있더라 2 이에 예수께서 여러 가지를 비유로 가르치시니 그 가르치시는 중에 그들에게 이르시되 3 들으라 씨를 뿌리는 자가 뿌리러 나가서 4 뿌릴새 더러는 길 가에 떨어지매 새들이 와서 먹어 버렸고 5 더러는 흙이 얕은 돌밭에 떨어지매 흙이 깊지 아니하므로 곧 싹이 나오나 6 해가 돋은 후에 타서 뿌리가 없으므로 말랐고 7 더러는 가시떨기에 떨어지매 가시가 자라 기운을 막으므로 결실하지 못하였고 8 더러는 좋은 땅에 떨어지매 자라 무성하여 결실하였으니 삼십 배나 육십 배나 백 배가 되었느니라 하시고 9 또 이르시되 들을 귀 있는 자는 들으라 하시니라 10 예수께서 홀로 계실 때에 함께 한 사람들이 열두 제자와 더불어 그 비유들에 대하여 물으니 11 이르시되 하나님 나라의 비밀을 너희에게는 주었으나 외인에게는 모든 것을 비유로 하나니 12 이는 그들로 보기는 보아도 알지 못하며 듣기는 들어도 깨닫지 못하게 하여 돌이켜 죄 사함을 얻지 못하게 하려 함이라 하시고 13 또 이르시되 너희가 이 비유를 알지 못할진대 어떻게 모든 비유를 알겠느냐 14 뿌리는 자는 말씀을 뿌리는 것이라 15 말씀이 길 가에 뿌려졌다는 것은 이들을 가리킴이니 곧 말씀을 들었을 때에 사탄이 즉시 와서 그들에게 뿌려진 말씀을 빼앗는 것이요 16 또 이와 같이 돌밭에 뿌려졌다는 것은 이들을 가리킴이니 곧 말씀을 들을 때에 즉시 기쁨으로 받으나 17 그 속에 뿌리가 없어 잠깐 견디다가 말씀으로 인하여 환난이나 박해가 일어나는 때에는 곧 넘어지는 자요

마음의 문을 열며

예수님이 진리를 가르치실 때 가장 즐겨 사용하신 형식이 비유였다. 비유는 사물을 설명할 때 그와 비슷한 다른 사물을 빌어 표현하는 것을 말한다. '인생은 가시밭길'이라는 표현도 그 좋은 예가 될 수 있다. 이 시간 씨 뿌리는 비유를 공부하면서 우리가 교훈받고 책망받아야 할 정도 무엇인지를 찾아보고자 한다. 이 비유에는 우리의 신앙생활에 감추어진 모순들을 예리하게 파헤치는 비수가 담겨 있다. 우리 모두는 이 날카로운 칼날을 피해 갈 수 없을 것이다.

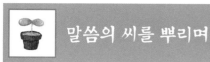

말씀의 씨를 뿌리며

1 씨 뿌리는 비유의 내용을 쉽게 정리해 보라(3-8절).

2 제자들은 조용한 시간에 예수님께 와서 무엇을 질문했는가? (10절)

3 제자들은 무리에 비해 진리를 배우는 데 있어 매우 유리한 형편에 있었다. 왜 그런가? (10절, 33-34절)

4 무리에게 비유를 해석해 주지 않은 이유는 무엇인가? (11-12절)

5 당신은 제자와 무리 중 어느 편에 해당하는가? 그리고 그 이유는 무엇인가?

_____

_____

_____

_____

6 말씀이 길가에 떨어졌다는 것은 무엇을 의미하는지 말해 보라. 그리고 길가와 같은 마음은 무엇이라고 생각하는가? (14-15절, 참고/ 막 3:5; 롬 11:25)

_____

_____

_____

_____

7 마귀가 말씀을 금방 빼앗아 버리는 것이 어떤 현상인지 각자의 경험을 가지고 말해 보라. 그리고 어느 때에 이런 시험이 찾아오는가?

_____

_____

_____

_____

_____

8 말씀이 돌밭에 떨어졌다는 것은 무엇을 의미하는가? 어떤 사람의 마음
이 이와 흡사하다고 할 수 있는가? (16-17절)

9 여기서 말하는 돌밭은 겉으로 보기에는 좋은 흙으로 덮여 있지만 조금
아래에는 바위가 깔려있는 상태를 가리킨다. 돌밭의 마음을 가진 사람
의 신앙은 언제까지 그 정체가 밝혀지지 않는가? (17절)

10 기쁨으로 받았다는 말과 뿌리가 없다는 말은 무엇을 의미하는가? (참고
/ 딤후 3:14)

삶의 열매를 거두며

말씀을 들을 때 즉시 기쁨으로 받으나 그 속에 뿌리가 없어 곧 넘어지는 돌밭이 되지 않기 위해서는 끊임없이 말씀을 배우고 그 속에 거하기 위해 노력해야 한다. 당신은 어떤가? 혹시 말씀을 배우고 깨닫는 일보다 감정에만 지나치게 호소하는 신앙생활을 선호하는 경향이 있지는 않은가? 만약 그렇다면 이것이 왜 위험한지 함께 나눠보자.

씨 뿌리는 비유(2)

마가복음 4:18-25

18 또 어떤 이는 가시떨기에 뿌려진 자니 이들은 말씀을 듣기는 하되 19 세상의 염려와 재물의 유혹과 기타 욕심이 들어와 말씀을 막아 결실하지 못하게 되는 자요 20 좋은 땅에 뿌려졌다는 것은 곧 말씀을 듣고 받아 삼십 배나 육십 배나 백 배의 결실을 하는 자니라 21 또 그들에게 이르시되 사람이 등불을 가져오는 것은 말 아래에나 평상 아래에 두려 함이냐 등경 위에 두려 함이 아니냐 22 드러내려 하지 않고는 숨긴 것이 없고 나타내려 하지 않고는 감추인 것이 없느니라 23 들을 귀 있는 자는 들으라 24 또 이르시되 너희가 무엇을 듣는가 스스로 삼가라 너희의 헤아리는 그 헤아림으로 너희가 헤아림을 받을 것이며 더 받으리니 25 있는 자는 받을 것이요 없는 자는 그 있는 것까지도 빼앗기리라

마음의 문을 열며

지난 시간에 이어 씨 뿌리는 비유에 대해 다시 공부하려고 한다. 교회 안에는 비유에 나오는 네 가지 유형의 사람들이 모두 존재한다. 그 중에서 가시밭에 떨어진 씨앗에 해당되는 사람들이 가장 많다. 이것은 매우 심각한 현상이다. 이것은 교회가 생명력을 잃어버리고 성도들이 형식적인 신앙생활에만 매달리는 비극적인 상황이 시작되었다는 적신호다. 따라서 교회는 옥토를 일구는 작업을 서둘러 해야 한다. 그리고 이 작업은 여기에 모인 우리로부터 시작되어야 한다.

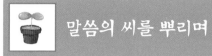

말씀의 씨를 뿌리며

1 가시떨기는 무엇을 비유한 것인가? 그리고 가시떨기에 뿌려진 씨는 영적으로 무엇을 의미하는지 설명해 보라(18-19절).

_____

_____

_____

2 가시떨기와 같은 마음을 가진 사람이 말씀을 들을 때 좋은 점도 있고 나쁜 점도 있다. 그것이 무엇인지 각각 말해 보라.

_____

_____

_____

_____

3 말씀이 열매를 맺는 데 세상 염려와 재리의 유혹이 왜 방해가 되는가?
(참고/ 눅 21:34; 요일 2:15-16)

_____

_____

_____

4 말씀을 듣기만 하고 행하지 않는 사람들의 결과는 어떠한가? (참고/ 마 7:24-27; 약 2:17)

_____

_____

_____

_____

_____

5 가시떨기 밭을 공부하면서 마음에 가책 받은 것이 있다면 솔직히 말해 보라.

_____

_____

_____

_____

_____

6 앞에 나온 세 가지 씨앗들과 비교할 때 좋은 땅에 뿌려진 씨는 어떤 위험 요소가 없는가?

_____

_____

_____

_____

_____

7 어떻게 하면 좋은 땅과 같은 마음을 가질 수 있는가? (참고/ 눅 3:8-9; 고전 2:13)

_____

_____

_____

_____

8 당신은 말씀을 깨달을 때와 그렇지 못한 때를 어떻게 구별하는가? 그리고 그 결과 생활에 어떤 영향을 받는가?

_____

_____

_____

_____

9 등불의 비유를 다시 설명해 보라(21-22절).

_____

_____

_____

_____

삶의 열매를 거두며

예수님이 세상에 오셔서 말씀을 가르치신 것은 사람의 눈에 숨겨져 있던 진리를 등불처럼 나타내 보이는데 그 목적이 있었다. 따라서 진리의 말씀을 배우는 자는 바른 마음가짐을 가져야 한다. 이에 대해 24,25절은 어떻게 교훈하고 있는가? 당신은 마음가짐이 잘못되어 이미 깨달은 말씀까지 빼앗기는 손해를 본적이 없는지 솔직하게 돌아보라.

비유로 천국의 비밀을 가르치시다

마가복음 4:26-32

²⁶ 또 이르시되 하나님의 나라는 사람이 씨를 땅에 뿌림과 같으니 ²⁷ 그가 밤낮 자고 깨고 하는 중에 씨가 나서 자라되 어떻게 그리 되는지를 알지 못하느니라 ²⁸ 땅이 스스로 열매를 맺되 처음에는 싹이요 다음에는 이삭이요 그 다음에는 이삭에 충실한 곡식이라 ²⁹ 열매가 익으면 곧 낫을 대나니 이는 추수 때가 이르렀음이라 ³⁰ 또 이르시되 우리가 하나님의 나라를 어떻게 비교하며 또 무슨 비유로 나타낼까 ³¹ 겨자씨 한 알과 같으니 땅에 심길 때에는 땅 위의 모든 씨보다 작은 것이로되 ³² 심긴 후에는 자라서 모든 풀보다 커지며 큰 가지를 내나니 공중의 새들이 그 그늘에 깃들일 만큼 되느니라

마음의 문을 열며

앞에서 배운 씨 뿌리는 비유는 복음을 받은 자가 마음가짐을 옥토처럼 바로 가져야 할 책임이 있음을 교훈한다. 반면 오늘 우리가 배우게 될 첫 번째 비유는 복음을 전하는 사람이 그 결과를 성급하게 기대하거나 인간적인 수단으로 성취하려는 유혹에 빠져서는 안 된다는 점을 가르치고 있다. 씨앗이 자라고 열매가 맺는 모든 과정은 하나님의 손에 달려 있다. 이어서 나오는 겨자씨 비유는 복음을 전하는 일이나 교회의 사역이 처음에는 매우 보잘 것 없이 보일 수 있지만, 나중은 반드시 창대하게 된다는 사실을 예언하고 있다. 우리는 이 비유를 통해 우리가 하는 사역에 대한 확신과 꿈을 가질 수 있어야 한다.

말씀의 씨를 뿌리며

1 예수님은 하나님의 나라를 무엇에 비유하고 있는가? 여기서 말하는 씨는 무엇이며, 씨를 뿌리는 것은 무엇을 의미하는가? (26절, 참고/ 막 4:14)

_____

_____

_____

_____

2 하나님의 나라, 즉 교회는 씨를 밭에 뿌리는 농부와 같다고 말한다. 그이유는 무엇인가? (참고/ 막 16:15)

_____

_____

_____

_____

3 전도자의 역할은 복음을 전하는 데 있고, 그 결과에 대해서는 책임이 없다는 사실에 대해 어떻게 말하고 있는가? (27절, 참고/ 고전 3:6-7)

_____

_____

_____

_____

4 이것은 복음을 전하는 우리에게 큰 위안과 용기를 주는 말씀이다. 왜 그런지 다음의 몇 가지 사실을 가지고 이야기해 보라.

   ○ 성급한 기대나 인위적인 수단을 피하게 함/

   ○ 절망적인 상황에서도 낙심하지 않음(참고/ 행 18:9-10)/

   ○ 구원에 대한 하나님의 절대주권을 인정함/

   ○ 전도의 열매는 전하는 자의 공로가 아님/

5 영적인 성장은 시간을 무시한 채 단숨에 이루어지지 않는다. 시간의 흐름과 함께 신앙은 자라고 성숙해진다. 이 사실에 대해 28-29절은 어떻게 말하고 있는가?

6 당신이 이 비유를 통해 특별히 깨달은 진리가 있다면 무엇인지 말해 보라.

7 겨자씨 비유를 쉬운 말로 이야기해 보라(30-32절).

_____

_____

_____

8 가장 작은 씨가 가장 큰 나무가 되는 기적이 하나님의 나라와 무슨 관계
가 있다고 생각하는가? 예수님의 삶과 사역을 가지고 설명해 보라.

_____

_____

_____

9 당신은 이러한 비유의 원리를 입증할 수 있는 사례를 경험한 적이 있는
가? 한 아이가 주일학교에 나가기 시작할 때는 아무것도 아닌 것처럼 보
이지만, 그 아이를 통해 엄청난 구원 사역이 집안과 주변에서 일어난 일
은 좋은 예가 될 것이다.

_____

_____

_____

_____

_____

삶의 열매를 거두며

당신은 "겨자씨의 음모"라는 말을 들어본 적이 있는가? 하나님께서는 작은 자, 보잘 것없는 사람들을 통해 세상을 변화시켜 나가신다. 당신은 한 사람, 한 교회의 잠재력을 볼 줄 아는 눈이 있는가? 초라한 시작 속에서도 풍성한 미래를 바라볼 줄 아는 믿음의 눈이 당신에게도 있는지 점검해 보라. 그리고 이러한 믿음의 눈을 갖게 해 달라도 기도하는 시간을 갖도록 하자.

바다를 잠잠케 하시다

마가복음 4:35-41

35 그 날 저물 때에 제자들에게 이르시되 우리가 저편으로 건너가자 하시니 36 그들이 무리를 떠나 예수를 배에 계신 그대로 모시고 가매 다른 배들도 함께 하더니 37 큰 광풍이 일어나며 물결이 배에 부딪쳐 들어와 배에 가득하게 되었더라 38 예수께서는 고물에서 베개를 베고 주무시더니 제자들이 깨우며 이르되 선생님이여 우리가 죽게 된 것을 돌보지 아니하시나이까 하니 39 예수께서 깨어 바람을 꾸짖으시며 바다더러 이르시되 잠잠하라 고요하라 하시니 바람이 그치고 아주 잔잔하여지더라 40 이에 제자들에게 이르시되 어찌하여 이렇게 무서워하느냐 너희가 어찌 믿음이 없느냐 하시니 41 그들이 심히 두려워하여 서로 말하되 그가 누구이기에 바람과 바다도 순종하는가 하였더라

마음의 문을 열며

예수님은 탁월한 선생일 뿐 아니라 능력이 크신 주권자이시다. 네 가지 비유로 천국의 비밀을 말씀하시던 그는 네 가지 이적 기사를 통해 권능을 나타내 보이고 계신다. 자연을 다스리는 능력, 귀신을 굴복시키는 능력, 병을 고치는 능력, 그리고 죽은 자를 살리는 능력으로 자기가 세상의 구원자임을 증거하신다. 이 시간 자연을 다스리시는 창조자로서의 예수님의 권위와 능력에 대해 배워보도록 하자.

말씀의 씨를 뿌리며

1 하루 종일 무리와 제자들을 가르치신 예수님은 몹시 피곤하셨다. 해가 졌을 때 예수님은 어디로 가자고 말씀하셨는가? (35-36절)

---

2 피곤해 불편한 뱃머리에서 깊이 잠드신 예수님의 모습을 보며 당신은 어떤 느낌이 드는가? (38절)

---

3 바다 가운데서 갑자기 무슨 일이 일어났는가? (37절)

---

4 하나님의 아들이요 창조자이신 예수님을 모시고 가는 배가 무서운 폭풍을 만났다는 사실을 놓고 무엇을 깨달을 수 있는가?

5 우리의 신앙생활은 항상 만사형통을 보장하는 것이 아니다. 신앙생활
도 잘하고 죄를 범한 일도 없는데 고된 시련을 당할 수 있다. 이 점을 어
떻게 생각하는가? (참고/ 전 7:13-14)

6 폭풍을 만났을 때 제자들은 어떻게 하였는가? 제자들이 예수님을 깨우
면서 한 말 중에는 어떤 의미와 감정이 들어 있다고 생각하는가? (38절)

7 당신도 비슷한 불평과 원망이 섞인 말을 예수님께 한 일은 없는가? 있다
면 어떤 경우였는지 말해 보라.

8 잠에서 깨신 예수님은 먼저 무엇을 하셨는가? 이것은 우리에게 어떤 진리를 가르쳐 주는가? (39절)

_____

_____

_____

9 그런 다음 예수님은 누구를 무엇 때문에 꾸짖으셨나? (40절)

_____

_____

_____

10 왜 제자들에게 믿음이 문제가 되었는가? 특히 "어찌(어떤 사본에는 어찌 아직도)"라는 말이 주는 교훈을 묵상해 보라.

_____

_____

_____

_____

바람을 꾸짖으시며 바다를 잠잠케 하시는 모습 속에서 예수님이야말로 자연을 다스리는 능력을 지니신 주권자되심을 깨닫게 된다. 제자들이 이에 대한 바른 믿음을 가지고 있었다면, 그들은 폭풍을 만났더라도 다르게 행동했을 것이다. 당신은 어떤가? 인생의 항로를 가다가 폭풍을 만나더라도 흔들리지 않을 믿음을 가지고 있는가?

귀신의 권세를 정복하시다

마가복음 5:1-20

¹ 예수께서 바다 건너편 거라사인의 지방에 이르러 ² 배에서 나오시매 곧 더러운 귀신 들린 사람이 무덤 사이에서 나와 예수를 만나니라 ³ 그 사람은 무덤 사이에 거처하는데 이제는 아무도 그를 쇠사슬로도 맬 수 없게 되었으니 ⁴ 이는 여러 번 고랑과 쇠사슬에 매였어도 쇠사슬을 끊고 고랑을 깨뜨렸음이러라 그리하여 아무도 그를 제어할 힘이 없는지라 ⁵ 밤낮 무덤 사이에서나 산에서나 늘 소리 지르며 돌로 자기의 몸을 해치고 있었더라 ⁶ 그가 멀리서 예수를 보고 달려와 절하며 ⁷ 큰 소리로 부르짖어 이르되 지극히 높으신 하나님의 아들 예수여 나와 당신이 무슨 상관이 있나이까 원하건대 하나님 앞에 맹세하고 나를 괴롭히지 마옵소서 하니 ⁸ 이는 예수께서 이미 그에게 이르시기를 더러운 귀신아 그 사람에게서 나오라 하셨음이라 ⁹ 이에 물으시되 네 이름이 무엇이냐 이르되 내 이름은 군대니 우리가 많음이니이다 하고 ¹⁰ 자기를 그 지방에서 내보내지 마시기를 간구하더니 ¹¹ 마침 거기 돼지의 큰 떼가 산 곁에서 먹고 있는지라 ¹² 이에 간구하여 이르되 우리를 돼지에게로 보내어 들어가게 하소서 하니 ¹³ 허락하신대 더러운 귀신들이 나와서 돼지에게로 들어가매 거의 이천 마리 되는 떼가 바다를 향하여 비탈로 내리달아 바다에서 몰사하거늘 ¹⁴ 치던 자들이 도망하여 읍내와 여러 마을에 말하니 사람들이 어떻게 되었는지를 보러 와서 ¹⁵ 예수께 이르러 그 귀신 들렸던 자 곧 군대 귀신 지폈던 자가 옷을 입고 정신이 온전하여 앉은

것을 보고 두려워하더라 16 이에 귀신 들렸던 자가 당한 것과 돼지의 일을 본 자들이 그들에게 알리매 17 그들이 예수께 그 지방에서 떠나시기를 간구하더라 18 예수께서 배에 오르실 때에 귀신 들렸던 사람이 함께 있기를 간구하였으나 19 허락하지 아니하시고 그에게 이르시되 집으로 돌아가 주께서 네게 어떻게 큰 일을 행하사 너를 불쌍히 여기신 것을 네 가족에게 알리라 하시니 20 그가 가서 예수께서 자기에게 어떻게 큰 일 행하셨는지를 데가볼리에 전파하니 모든 사람이 놀랍게 여기더라

마음의 문을 열며

예수님은 갈릴리 바다 건너편에서 어떤 거라사인을 만나 귀신을 내어 쫓으셨다. 이 것은 예수님이 마귀를 정복하기 위해 오신 구주임을 나타내신 하나의 사건이었다. 우리는 거라사인의 경우를 통해 귀신이 얼마나 무서운 힘을 가지고 한 사람의 육신과 영혼을 잔인하게 짓밟을 수 있는가를 보게 된다. 동시에 악령의 힘이 아무리 대단하다고 해도 하나님의 아들이신 예수님을 상대할 수 없다는 사실을 발견할 수 있다. 그러므로 이 시간 공부하면서 마귀를 정복하는 권세를 가지신 예수 그리스도로 인해 하나님께 감사를 돌려야 할 것이다.

말씀의 씨를 뿌리며

1 예수님이 거라사인의 지방이 있는 데가볼리에서 어떤 사람을 만나게
되었는가? (1-2절)

_____

_____

2 귀신들린 사람에게서 볼 수 있는 몇 가지 증상을 정리해 보라. 귀신의
초자연적인 힘을 보면서 각자가 느끼는 점을 말해 보자(3-5절).

_____

_____

_____

3 귀신이 자기 이름을 군대라고 하는 말을 듣고, 배울 수 있는 사실은 무
엇인가? (9절)

_____

_____

_____

4 현대 의학을 과신하는 사람들 가운데서 종종 귀신들린 사람을 정신병
자와 혼돈하여 귀신의 존재마저 부정하려는 경향을 볼 수 있다. 당신은
이 점에 대해 어떻게 생각하는가?

5 불신자들은 거라사인처럼 비정상적으로 보일 만큼 귀신에게 사로잡혀 있지는 않지만, 그들 역시 귀신의 지배를 벗어나지 못하고 있다는 사실을 부인할 수 없다. 귀신들린 사람이 예수님을 보자마자 무엇이라고 소리쳤으며 그 이유는 무엇이라고 생각하는가? (6-8절, 참고/ 엡 2:2-3)

6 귀신이 예수님 앞에서 몹시 당황하는 모습을 보면서 우리가 안심해도 될 사실이 하나 있다. 그것은 무엇인가? (6-8절)

7 귀신은 예수님께 무엇을 요구했으며, 그 결과 어떻게 되었는가? (11-15절)

8 당신은 예수님이 남의 재산을 망쳐가면서 귀신들린 사람을 치료하시는 것을 보고 무슨 생각을 하게 되는가?

_____

_____

_____

_____

9 귀신들린 사람이 고침 받은 것을 보고 그 지방 사람들은 예수님께 무엇을 요구했는가? 그리고 그렇게 요구한 이유가 어디에 있다고 생각하는가? (17절)

_____

_____

_____

10 지금도 우리 주변에는 예수님을 멀리 하고 싶어하는 사람들이 많다. 그들은 예수님 때문에 재산이나 행복에 어떤 손해를 볼지도 모른다는 불안감을 가지고 있다. 당신은 이런 불안감으로부터 자유한 사람인가?

_____

_____

_____

삶의 열매를 거두며

나음을 입은 사람이 예수님과 함께 있기를 간구하였으나, 예수님께서는 허락하지 않으셨다. 오히려 집으로 돌아가 집으로 돌아가 자신에게 일어난 일을 가족들에게 알리라고 명령하셨다(19절). 오늘날에도 예수님께서는 우리에게 각자가 처한 환경과 일터에서 하나님의 일을 하라고 명령하고 계신다. 당신의 경우, 예수님을 믿은 다음 주님으로부터 어떤 소명을 받았다고 생각하는가?

죽음의 권세를 굴복시키다

마가복음 5:21-24, 35-43

²¹ 예수께서 배를 타시고 다시 맞은편으로 건너가시니 큰 무리가 그에게로 모이거늘 이에 바닷가에 계시더니 ²² 회당장 중의 하나인 야이로라 하는 이가 와서 예수를 보고 발 아래 엎드리어 ²³ 간곡히 구하여 이르되 내 어린 딸이 죽게 되었사오니 오셔서 그 위에 손을 얹으사 그로 구원을 받아 살게 하소서 하거늘 ²⁴ 이에 그와 함께 가실새 큰 무리가 따라가며 에워싸 밀더라 ³⁵ 아직 예수께서 말씀하실 때에 회당장의 집에서 사람들이 와서 회당장에게 이르되 당신의 딸이 죽었나이다 어찌하여 선생을 더 괴롭게 하나이까 ³⁶ 예수께서 그 하는 말을 곁에서 들으시고 회당장에게 이르시되 두려워하지 말고 믿기만 하라 하시고 ³⁷ 베드로와 야고보와 야고보의 형제 요한 외에 아무도 따라옴을 허락하지 아니하시고 ³⁸ 회당장의 집에 함께 가사 떠드는 것과 사람들이 울며 심히 통곡함을 보시고 ³⁹ 들어가서 그들에게 이르시되 너희가 어찌하여 떠들며 우느냐 이 아이가 죽은 것이 아니라 잔다 하시니 ⁴⁰ 그들이 비웃더라 예수께서 그들을 다 내보내신 후에 아이의 부모와 또 자기와 함께 한 자들을 데리시고 아이 있는 곳에 들어가사 ⁴¹ 그 아이의 손을 잡고 이르시되 달리다굼 하시니 번역하면 곧 내가 네게 말하노니 소녀야 일어나라 하심이라 ⁴² 소녀가 곧 일어나서 걸으니 나이가 열두 살이라 사람들이 곧 크게 놀라고 놀라거늘 ⁴³ 예수께서 이 일을 아무도 알지 못하게 하라고 그들을 많이 경계하시고 이에 소녀에게 먹을 것을 주라 하시니라

마음의 문을 열며

예수님이 우리의 구원자로서 절대적인 권세를 가지신 분이라는 사실을 입증하기 위해 마가는 특별히 네 가지 이적기사를 기록하고 있다. 이 중 야이로의 딸을 살려주신 사건이야말로 클라이막스라고 할 수 있다. 인간에게 가장 무서운 공포의 대상은 바로 죽음이다. 그러므로 죽음의 문제를 해결하지 못하는 자는 진정한 의미에서 우리의 구원자라고 할 수 없는 것이다. 예수님이야말로 죽음의 공포에서 우리를 구속하시고 영생의 소망을 안겨주신 유일한 구원자이시다. 그의 권세는 죽음을 이기는 절대적인 권세이다. 누구든지 그를 믿으면 영원한 죽음에서 자유할 수 있다.

말씀의 씨를 뿌리며

1 예수님을 기다리던 무리 가운데는 어떤 사람이 섞여 있었는가? 그리고 그는 예수님을 보자마자 어떻게 하였으며 무엇을 간청하였는가? (21-23절)

_____

_____

_____

2 예수님을 찾아 나오는 사람들 중에는 야이로처럼 절망적인 문제를 안고 있는 자들이 있다. 우리 중에 이와 비슷한 문제를 안고 있는 형제가 없는지 이야기를 나누어 보자.

_____

_____

_____

_____

3 야이로는 두 가지 조건을 내 건 믿음의 소유자였다. 23절을 다시 한 번 주의해서 살펴보고 그 조건들을 찾아 보라.

_____

_____

_____

4 야이로의 믿음을 마태복음 8장에 등장하는 백부장의 믿음과 비교해 보라. 당신의 믿음은 어떠한가? 두 사람의 믿음 가운데 어느 편에 가깝다고 생각하는가? (참고/ 마 8:6-10)

_____

_____

_____

_____

5 야이로의 믿음이 매우 불완전한 것이었지만, 나무라지 않고 그의 요구를 들어주시는 예수님의 태도를 통해 무엇을 배울 수 있는가? (참고/ 사 42:3)

_____

_____

_____

_____

6 상한 갈대 같은 야이로의 믿음은 길에서 두 번이나 시련을 당한다. 다음의 두 가지 사실을 가지고 그 이유를 생각해 보라.

○ **혈루증을 앓는 여인으로 인한 시간 지체**(25-34절)/

_____

_____

○ **집으로부터 온 딸의 죽음 소식**(35절)/

_____

_____

7 야이로가 몹시 불안해 하며 그의 실낱 같은 믿음이 끊어져 버릴 것 같은 순간에 주님은 그를 어떻게 도와 주셨나? (36절)

8 당신은 믿음이 몹시 흔들릴 때 똑같은 주님의 음성을 들어 본 일이 있는가? 있다면 어떤 상황에서 어떻게 들었는지 말해 보라.

9 집에 들어가신 예수님은 왜 죽은 아이를 잔다고 했는가? (참고/ 요 11:11, 25-26; 고전 15:20-22)

10 예수님은 야이로의 딸을 어떻게 다시 살리셨는가? 그리고 지금은 이와 같은 기적을 거의 볼 수 없음을 감안할 때, 예수님이 이러한 기적을 보여주신 근본적인 목적은 무엇이라고 생각하는가? (41-42절)

예수님께서는 야이로의 죽은 딸을 살리심으로 자신에게 죽음도 굴복시키는 권세가 있음을 보여주셨다. 당신은 예수님께서 죽음도 이기시는 권세를 가지셨음을 믿는가? 사랑하는 사람이 죽었을 때 그의 시신을 앞에 놓고, 예수님 안에서 죽은 것이 아니라 잔다고 말할 수 있는 확신이 당신에게는 있는가? 그리고 예수님께서 반드시 다시 살리실 것이라는 믿음이 있는가?

혈루증 여인을 고치시다

마가복음 5:25-34

²⁵ 열두 해를 혈루증으로 앓아 온 한 여자가 있어 ²⁶ 많은 의사에게 많은 괴로움을 받았고 가진 것도 다 허비하였으되 아무 효험이 없고 도리어 더 중하여졌던 차에 ²⁷ 예수의 소문을 듣고 무리 가운데 끼어 뒤로 와서 그의 옷에 손을 대니 ²⁸ 이는 내가 그의 옷에만 손을 대어도 구원을 받으리라 생각함일러라 ²⁹ 이에 그의 혈루 근원이 곧 마르매 병이 나은 줄을 몸에 깨달으니라 ³⁰ 예수께서 그 능력이 자기에게서 나간 줄을 곧 스스로 아시고 무리 가운데서 돌이켜 말씀하시되 누가 내 옷에 손을 대었느냐 하시니 ³¹ 제자들이 여짜오되 무리가 에워싸 미는 것을 보시며 누가 내게 손을 대었느냐 물으시나이까 하되 ³² 예수께서 이 일 행한 여자를 보려고 둘러 보시니 ³³ 여자가 자기에게 이루어진 일을 알고 두려워하여 떨며 와서 그 앞에 엎드려 모든 사실을 여쭈니 ³⁴ 예수께서 이르시되 딸아 네 믿음이 너를 구원하였으니 평안히 가라 네 병에서 놓여 건강할지어다

마음의 문을 열며

예수님을 찾았던 수많은 병자들 가운데 길에서 예수님의 옷자락을 만져 고침을 받았던 어느 여인의 이야기는 성경을 읽는 우리의 가슴을 뭉클하게 만든다. 지금도 우리 주변에는 남들에게 숨길 수밖에 없는 고통을 안고 주님을 찾아 길거리를 헤매는 자들이 적지 않다. 예수님은 대단히 민감하셔서 가냘픈 믿음의 손가락이 옷가에 살짝 스쳐 지나가는 것까지 놓치지 않고 포착하신다. 그 인자하신 예수님이 이 자리에 우리와 함께 계신다는 사실을 기억하자.

말씀의 씨를 뿌리며

1 혈루병에 대해 아는 것이 있으면 말해 보라. 그리고 혈루증으로 인해 이 여인이 당했을 고통이 얼마나 컸을지 각자의 생각을 말해 보라(26절).

2 무엇이 여인의 발길을 예수님을 향해 돌리게 만들었는가? 그리고 이 사실이 우리에게 던져주는 교훈이 무엇이라고 생각하는가? (27절, 참고/ 롬 10:14)

3 여인은 어떤 믿음을 가지고 있었는가? 이러한 여인의 믿음에 대해 미신적인 요소가 다분히 들어있다고 보는 학자들이 있다. 만일 그렇다면 그 미신적인 요소는 무엇인가? (28절)

4 여인이 예수님의 옷에 손을 대자 어떤 일이 일어났는가? (29절)

_____

_____

_____

_____

5 예수님은 우리의 믿음이 불완전하더라도 응답하시는 분이시다. 이 사실이 우리에게 주는 은혜가 무엇인지 각자 말해 보자.

_____

_____

_____

_____

6 예수님이 갑자기 이 여인을 찾으신 이유는 무엇인가? 사람들에게 그 여자를 자랑하고 보여 주기 위해서인가? 아니면 병 고치는 능력이 옷에 있지 않고 예수님께 있다는 것을 알려서 여인의 믿음을 수정해 주기 위해서인가? (30절)

_____

_____

_____

_____

7 요즘에도 이 여인과 같이 예수님보다는 예수님께 속한 그 어떤 것에 믿음을 거는 일들이 종종 있다. 예를 들면, 십자가를 손에 들고 기도하는 것이나 안수를 특별히 선호하는 경향 등이다. 당신에게는 이런 연약한 점이 없는가?

_____

_____

_____

_____

8 무리들이 에워싸 밀고 밀리는 상황 속에서 예수님의 옷에 손을 대는 사람들이 수없이 많았을 것이다. 그러나 그 많은 사람들 가운데서도 절망 중에 도움을 기다리는 여인의 손, 불완전하고 유치한 믿음을 가진 가냘픈 여인의 손을 주님이 알아 보시고 여인의 요구에 응답하셨다는 사실에 대해 각자 느낀 점을 말해 보라.

_____

_____

_____

_____

9 여인이 예수님 앞에 나와 모든 것을 고백하자 주님은 무엇이라고 말씀하셨는가? (34절)

_____

_____

_____

_____

10 예수님의 말씀을 들으면 마치 여인의 믿음이 완전해서 구원을 받은 것처럼 모든 공로를 여인에게 돌리고 있다. 여기서 우리가 배울 수 있는 것은 무엇인가?

_____

_____

_____

_____

 ## 삶의 열매를 거두며

오늘 이 시간을 마치기 전 다음의 질문에 각자 대답해 보라. 당신은 무슨 문제든지 예수님이 해결할 수 있다는 믿음이 있는가? 설혹 우리의 믿음이 불완전하여도 예수님은 우리의 기도를 민감하게 들으신다는 사실을 확신하고 열심히 기도하는가?

고향에서 배척받으시다

마가복음 6:1-6

1 예수께서 거기를 떠나사 고향으로 가시니 제자들도 따르니라 2 안식일이 되어 회당에서 가르치시니 많은 사람이 듣고 놀라 이르되 이 사람이 어디서 이런 것을 얻었느냐 이 사람이 받은 지혜와 그 손으로 이루어지는 이런 권능이 어찌됨이냐 3 이 사람이 마리아의 아들 목수가 아니냐 야고보와 요셉과 유다와 시몬의 형제가 아니냐 그 누이들이 우리와 함께 여기 있지 아니하냐 하고 예수를 배척한지라 4 예수께서 그들에게 이르시되 선지자가 자기 고향과 자기 친척과 자기 집 외에서는 존경을 받지 못함이 없느니라 하시며 5 거기서는 아무 권능도 행하실 수 없어 다만 소수의 병자에게 안수하여 고치실 뿐이었고 6 그들이 믿지 않음을 이상히 여기셨더라 이에 모든 촌에 두루 다니시며 가르치시더라

마음의 문을 열며

예수님의 명성이 사방에 퍼지고 수많은 추종자들로부터 지지를 받게 되었을 때 예수님은 거센 반발에 부딪히기 시작하셨다. 가장 먼저 예수님을 대적한 사람들은 유대 종교 지도자들이었고, 그 다음에는 그의 가족들이었다. 그리고 예수님의 인기가 절정에 이르렀을 때 예수님을 노골적으로 비판하면서 불신한 자들은 다름아닌 그의 고향 나사렛 사람들이었다. 무엇보다 고향에서 배척받은 것은 예수님께 큰 충격을 안겨주었을 것이다. 이 시간 우리는 예수님이 왜 고향에서 배척을 당하였는가를 배우게 된다. 그리고 지금도 우리 주변에는 이러한 나사렛 사람들이 많다는 사실을 발견하게 될 것이다.

1 예수님은 고향으로 가서 무엇을 하셨는가? 그리고 고향 사람들은 그의 가르침을 듣고 어떤 반응을 보였는가? (1-2절)

2 예수님이 배척받으신 일을 다음의 성경말씀에 비추어 검토해 보라. 그리고 각자 느낀 점을 나누어 보라.

   ○ 사 53:3/

   ○ 요 1:11/

3 고향 사람들이 자기를 배척하는 것을 보고 예수님이 하신 말씀을 각자 쉽게 정리하고, 그 의미를 말해 보라(4절).

4 2절에서 우리는 고향 사람들도 예수님에 대한 명성을 들었고, 그가 얼마나 초자연적인 권세를 가지신 분인가를 알고 있었음을 볼 수 있다. 그럼에도 불구하고 그들은 예수님을 배척하였다. 예수님에 대해 어떤 사실을 인정하는 것과 그를 믿는 것이 반드시 일치하지 않는다는 것을 알수 있다. 여기에 대해 각자의 생각을 말해 보라.

_____

_____

_____

5 예수님이 배척받으신 직접적인 이유는 무엇인가? (3절)

_____

_____

_____

6 결국 예수님이 고향에서 배척을 당하신 이유는 사람들이 그의 인성에만 눈이 열리고 신성에 대해서는 어두웠기 때문이다. 다음의 성구를 가지고 확인해 보라.

   o 요 1:10/

_____

   o 사 53:2/

_____

7 당신도 예수님을 대수롭게 여기지 않거나 잘 믿지 않았던 때가 있었는가? 만약 있었다면 왜 그랬는지 나사렛 사람들과 비교하면서 이야기해 보라.

8 불신은 무엇을 방해할 수 있는가? (5절, 참고/ 막 9:23)

9 당신의 경우 믿음이 없어서 하지 못하고 있는 일이나 얻지 못하고 있는 일이 있다고 생각하지는 않는가? 솔직하게 이야기해 보라.

삶의 열매를 거두며

예수님에 대해 많은 것을 보았음에도 불구하고 믿지 않는다면, 그는 하나님조차 이해할 수 없는 불행한 존재임에 틀림없다. 이것은 자신에게는 돌이킬 수 없는 비극이 된다. 마태복음 11장 20-24절을 가지고 이 사실을 다시 한 번 확인해 보자. 그리고 당신 주변에 이런 사람이 있다면, 이 시간 함께 기도하도록 하자.

제자들을 파송하시다

마가복음 6:7-13

7 열두 제자를 부르사 둘씩 둘씩 보내시며 더러운 귀신을 제어하는 권능을 주시고 8 명하시되 여행을 위하여 지팡이 외에는 양식이나 배낭이나 전대의 돈이나 아무 것도 가지지 말며 9 신만 신고 두 벌 옷도 입지 말라 하시고 10 또 이르시되 어디서든지 누구의 집에 들어가거든 그 곳을 떠나기까지 거기 유하라 11 어느 곳에서든지 너희를 영접하지 아니하고 너희 말을 듣지도 아니하거든 거기서 나갈 때에 발 아래 먼지를 떨어버려 그들에게 증거를 삼으라 하시니 12 제자들이 나가서 회개하라 전파하고 13 많은 귀신을 쫓아내며 많은 병자에게 기름을 발라 고치더라

마음의 문을 열며

예수님은 복음을 들어야 할 사람들은 여전히 많은데, 자신을 반대하는 자들의 세력이 심상치 않게 커가고 있음을 보셨다. 그래서 조금이라도 더 빨리 더 많이 복음을 전하기 위해 제자들을 파송하셨다. 동시에 자신이 세상을 떠난 다음에라도 제자들이 자신이 하던 일을 잘 계승할 수 있도록 그들을 특별히 훈련시켜야 할 필요를 느끼셨던 것이다. 이 시간 다루게 될 본문에는 선교사나 전도자가 반드시 알아야 할 기본 원리가 들어 있다. 우리는 누구나 예수 그리스도의 증인이기에, 증인으로서 갖추어야 할 자세와 준비가 무엇인지 함께 배워보도록 하자.

118

말씀의 씨를 뿌리며

1 예수님은 열두 제자를 어떻게 파송하셨는가? 그리고 이렇게 할 때 얻을
수 있는 유익은 무엇이라고 생각하는가? (7절, 참고/ 전 4:9-13)

2 당신은 두 사람이 팀이 되어 전도를 해 본 경험이 있는가? 이러한 전도
법이 1인 전도나 12명이 한 팀이 되어 전도할 때보다 나은 점은 무엇이
라고 생각하는가? 그때 얻은 은혜로운 체험담이 있으면 나누어 보라.

3 제자들은 귀신을 내어 쫓는 권세를 받고 전도를 시작하였다. 우리에게
도 이런 권세가 있다고 생각하는가? 다음의 구절들을 가지고 답해 보라.

  ○ 눅 10:17/

  ○ 마 7:22/

4 제자들을 파송하면서 예수님은 경제적인 문제를 어떻게 해결하라고 명
령하셨는가? (8-9절)

_____

_____

_____

_____

5 이것이 전도자나 선교사는 무조건 가난해야 한다는 의미인가? 만일 그
런 의미가 아니라면, 이 말씀에 담겨 있는 진리가 무엇인지 몇 가지를
정리해 보라(참고/ 마 6:33; 빌 4:11-13, 19).

_____

_____

_____

_____

6 만일 제자들처럼 짧은 기간 동안 복음을 전하고 돌아와야 하는 사람이
준비해야 할 것이 너무 많아 그로 인해 시간을 지체한다면, 어떤 유혹
혹은 위험이 따르겠는가?

_____

_____

_____

7 성령께서 당신에게 지체하지 말고 복음을 전하도록 충동을 하거나 여건을 만들어 주실 때, 준비가 되어 있지 않다는 구실로 차일피일 미루다가 결국 기회를 놓치는 일이 없었는가? 그리고 당신이 '준비를 좀더 한 다음에' 라고 주로 평계를 대는 내용들은 어떤 것들인가?

---

8 복음을 전하는 자가 전도 대상자로부터 필요한 경제적인 도움을 받을 수 있다는 것을 어떻게 말씀하시는가? 그리고 복음을 거부하는 자들에 대해서는 무엇을 말씀 하셨는가? (10-11절, 참고/ 고전 9:13-14)

---

9 발에 있는 먼지를 떨어 버리라는 것은 두 번 다시 만나지 말고 전도하지 말라는 의미인가? 아니라면 그 진의는 무엇인가? 그리고 현대 사회를 사는 우리는 복음을 받아들이지 않는 자들에게 어떤 방법으로 경고하는 것이 좋은가?

삶의 열매를 거두며

예수님께서는 복음을 전파하도록 열두 제자들을 둘씩 짝지어 보내셨다. 그리고 제자들은 회개하라 전파하며 많은 능력을 행하셨다. 지금도 예수님께서는 우리를 동일하게 세상 속으로 보내고 계신다. 당신은 자신이 속한 매일의 삶의 현장으로 보냄 받은 예수님의 제자라는 사실을 확신하는가? 준비가 되어 있든지 아니든지, 기회를 놓치지 않고 전도하려고 노력하고 있는가?

세례 요한의 죽음

마가복음 6:14-29

¹⁴ 이에 예수의 이름이 드러난지라 헤롯 왕이 듣고 이르되 이는 세례 요한이 죽은 자 가운데서 살아났도다 그러므로 이런 능력이 그 속에서 일어나느니라 하고 ¹⁵ 어떤 이 는 그가 엘리야라 하고 또 어떤 이는 그가 선지자니 옛 선지자 중의 하나와 같다 하되 ¹⁶ 헤롯은 듣고 이르되 내가 목 벤 요한 그가 살아났다 하더라 ¹⁷ 전에 헤롯이 자기가 동생 빌립의 아내 헤로디아에게 장가 든 고로 이 여자를 위하여 사람을 보내어 요한 을 잡아 옥에 가두었으니 ¹⁸ 이는 요한이 헤롯에게 말하되 동생의 아내를 취한 것이 옳지 않다 하였음이라 ¹⁹ 헤로디아가 요한을 원수로 여겨 죽이고자 하였으되 하지 못 한 것은 ²⁰ 헤롯이 요한을 의롭고 거룩한 사람으로 알고 두려워하여 보호하며 또 그의 말을 들을 때에 크게 번민을 하면서도 달갑게 들음이러라 ²¹ 마침 기회가 좋은 날이 왔으니 곧 헤롯이 자기 생일에 대신들과 천부장들과 갈릴리의 귀인들로 더불어 잔치 할새 ²² 헤로디아의 딸이 친히 들어와 춤을 추어 헤롯과 그와 함께 앉은 자들을 기쁘 게 한지라 왕이 그 소녀에게 이르되 무엇이든지 네가 원하는 것을 내게 구하라 내가 주리라 하고 ²³ 또 맹세하기를 무엇이든지 네가 내게 구하면 내 나라의 절반까지라도 주리라 하거늘 ²⁴ 그가 나가서 그 어머니에게 말하되 내가 무엇을 구하리이까 그 어머 니가 이르되 세례 요한의 머리를 구하라 하니 ²⁵ 그가 곧 왕에게 급히 들어가 구하여 이르되 세례 요한의 머리를 소반에 얹어 곧 내게 주기를 원하옵나이다 하니 ²⁶ 왕이

심히 근심하나 자기가 맹세한 것과 그 앉은 자들로 인하여 그를 거절할 수 없는지라 27 왕이 곧 시위병 하나를 보내어 요한의 머리를 가져오라 명하니 그 사람이 나가 옥에서 요한을 목 베어 28 그 머리를 소반에 얹어다가 소녀에게 주니 소녀가 이것을 그 어머니에게 주니라 29 요한의 제자들이 듣고 와서 시체를 가져다가 장사하니라

 ## 마음의 문을 열며

세례 요한은 여자가 낳은 자 중에 가장 위대한 사람이라고 예수님이 칭찬했던 인물이었다. 그는 구약 시대의 마지막 선지자인 동시에 신약 시대의 개막을 알리는 메시아의 전령이었다. 예수는 흥하여야 하고 자기는 쇠하여야 하는 것이 그의 철학이었다. 그런데 이 시간 우리는 그의 위대했던 생이 종지부를 찍는 것을 보게 된다. 그가 해야 할 일이 다 끝난 것이다. 하나님의 손에 그처럼 위대하게 쓰임받던 인물이었음에도 불구하고, 그 죽음이 너무나 초라함을 본다. 왜 하나님은 자기의 충성된 종들을 엘리야처럼 찬란한 불 수레에 실어 가지 않으셨을까? 사실 예수님의 길을 열어주기 위해 잠깐 와서 외친 광야의 소리에 지나지 않는 그가 죽는 자리에서 반드시 특별한 대우를 받아야 할 이유가 없을 지도 모른다.

1 예수님과 파송 받은 열두 제자들을 통해 놀라운 이적기사들이 많이 일어났다. 그 소문이 헤롯 왕에게 전해지자 그는 무엇이라고 하였는가? (14-16절)

_____

_____

_____

2 헤롯이 요한을 투옥한 이유는 무엇인가? 그럼에도 불구하고 요한은 어떻게 자기의 사명에 충성을 다했는가? (17-18절, 참고/ 눅 3:2-3)

_____

_____

_____

3 설교자가 신랄하게 당신의 죄를 책망하거나, 가까운 사람이 당신의 잘못을 직설적으로 지적하고 나무랄 때 당신은 어떤 반응을 보이는가? 그리고 그 반응이 옳았다고 생각하는가?

_____

_____

_____

4 헤롯은 자기의 양심대로 행동하지 못한 사람이었다. 그리고 어떤 점에서는 헤로디아보다 더 악하고 비열한 인물이라고 할 수 있다. 왜 그렇게 볼 수 있는가? (20, 26절)

_____

_____

_____

5 헤롯에게서 발견할 수 있는 문제점이 당신에게는 없는지 솔직하게 이야기해 보라.

_____

_____

_____

_____

6 헤롯은 세례 요한을 없애기 위해 헤로디아가 꾸민 술책에 말려 들게 되었다. 그 술책은 무엇이었나? (21-28절)

_____

_____

_____

_____

7 헤로디아의 영적인 문제는 무엇인가?(참고/ 딤후 3:4, 잠언 9:8)

_____

_____

_____

_____

8 어머니와 함께 공모하고 요한을 죽이는 일에 큰 몫을 감당한 헤로디아의 딸을 보면서 우리가 깨달아야 할 점은 무엇이라고 생각하는가?

_____

_____

_____

_____

_____

9 헤롯처럼 양심에 어긋난 행동을 하면 매우 불행한 사람이 된다. 14, 16절을 가지고 그가 시달렸을 고통에 대해 말해 보라(참고/ 욥 27:20).

_____

_____

_____

_____

삶의 열매를 거두며

비록 초라한 죽음처럼 보일지 모르지만, 세례 요한은 마지막 순간까지 자신의 사명을 게을리 하지 않고 충성스럽게 감당하고 있음을 보게 된다. 어떤 이들은 현대 교회가 쇠퇴하는 이유를 이 사회 속에서 요한과 같은 역할을 감당하지 못하기 때문이라고 말한다. 당신은 이에 대해 어떻게 생각하는가? 죄를 책망하며 회개의 복음을 전파하는 요한의 역할을 우리가 감당해야 한다고 보는가?

오천 명을 먹이시다

마가복음 6:30-44

30 사도들이 예수께 모여 자기들이 행한 것과 가르친 것을 낱낱이 고하니 31 이르시되 너희는 따로 한적한 곳에 가서 잠깐 쉬어라 하시니 이는 오고 가는 사람이 많아 음식 먹을 겨를도 없음이라 32 이에 배를 타고 따로 한적한 곳에 갈새 33 그들이 가는 것을 보고 많은 사람이 그들인 줄 안지라 모든 고을로부터 도보로 그 곳에 달려와 그들보다 먼저 갔더라 34 예수께서 나오사 큰 무리를 보시고 그 목자 없는 양 같음으로 인하여 불쌍히 여기사 이에 여러 가지로 가르치시더라 35 때가 저물어가매 제자들이 예수께 나아와 여짜오되 이 곳은 빈 들이요 날도 저물어가니 36 무리를 보내어 두루 촌과 마을로 가서 무엇을 사 먹게 하옵소서 37 대답하여 이르시되 너희가 먹을 것을 주라 하시니 여짜오되 우리가 가서 이백 데나리온의 떡을 사다 먹이리이까 38 이르시되 너희에게 떡 몇 개나 있는지 가서 보라 하시니 알아보고 이르되 떡 다섯 개와 물고기 두 마리가 있더이다 하거늘 39 제자들에게 명하사 그 모든 사람으로 떼를 지어 푸른 잔디 위에 앉게 하시니 40 떼로 백 명씩 또는 오십 명씩 앉은지라 41 예수께서 떡 다섯 개와 물고기 두 마리를 가지사 하늘을 우러러 축사하시고 떡을 떼어 제자들에게 주어 사람들에게 나누어 주게 하시고 또 물고기 두 마리도 모든 사람에게 나누시매 42 다 배불리 먹고 43 남은 떡 조각과 물고기를 열두 바구니에 차게 거두었으며 44 떡을 먹은 남자는 오천 명이었더라

마음의 문을 열며

저자 마가는 세례 요한의 최후에 관한 이야기를 언급한 후, 다시 예수님과 그의 제자들의 이야기로 돌아온다. 제자들이 나가서 복음을 전하고 이적기사를 행한 것은 사람들을 더 많이 끌어 모으는 계기가 되었다. 예수님은 물론이고 제자들까지 쉴 틈 없이 사람들의 요구를 들어주기에 바빴다. 게다가 끼니를 놓치면서까지 흩어지지 않고 머물러 있는 군중을 먹여야 하는 부담까지 져야 했다. 그러나 예수님은 모든 여건과 기회를 이용하여 자신이 하나님이 보내신 구원자이심을 믿게 하는 데 전력을 쏟으셨다. 이 믿음을 갖게 하는 것만이 그들에게 영생을 줄 수 있는 유일한 길이었기 때문이다.

말씀의 씨를 뿌리며

1 제자들은 자신들의 전도 활동과 그 결과에 대해 상세히 예수님께 보고했다. 이것이 왜 필요한가? (30절)

2 우리에게도 각자가 주의 일을 한 다음 서로 모여서 보고하고 간증하는 시간을 갖는 것이 필요할 때가 있다. 당신은 이런 기회를 가지고 있는가?

3 사복음서에서 예수님과 제자들이 얼마나 정신 없이 바빴는지에 대해 31절만큼 잘 표현한 말씀은 없을 것이다. 예수님은 제자들에게 무엇이 필요한지 아셨고, 그것을 위해 무엇을 하셨는가? (31-32절)

4 그러나 예수님이 원하신 대로 잘 되지 않았다. 왜 그런가? (33절)

_____

_____

_____

_____

5 쉴 틈도 주지 않고 염치 없이 몰려드는 무리를 예수님은 어떤 심정으로 대하셨는가? 이러한 예수님의 모습을 보면서 무엇을 느끼는가? (34절)

_____

_____

_____

_____

_____

6 5천 명을 먹일 수 있었던 떡과 고기는 어디에서 나온 것이며 얼마나 되었는가? (37-38절)

_____

_____

_____

_____

7 제자들이 가졌거나 구할 수 있었던 몇 개의 떡이 큰 기적을 일으킬 수
있었다는 것은 우리에게 무엇을 교훈하는가? (참고/ 요 12:24; 눅 6:38)

---

8 예수님이 5천 명을 먹이는 기적을 행하신 것은 단지 무리의 굶주림은
채워 주려는 데 목적이 있지 않았다. 이 사실을 요한복음 6장 27, 35절을
가지고 설명하라.

---

9 남은 조각을 버리지 않으신 예수님의 태도에서 당신은 무엇을 배울 수
있는가? 그리고 이것을 자신의 생활 중 어떤 면에 적용할 수 있겠는가?

삶의 열매를 거두며

모든 이적 기사가 그렇듯이, 떡 다섯 개와 물고기 두 마리로 오천 명을 먹이신 사건 역시 예수님이 어떤 분이신지를 잘 보여주고 있다. 오병이어의 기적은 오직 예수님 만이 허기진 인간들의 영적 굶주림을 채워줄 수 있는 유일한 분이심을 보여주는 것 이다. 당신은 어떤가? 예수님을 알고 난 후 얼마나 영적으로 만족하고 있는지 각자 구체적으로 간증해 보라.

Lesson 22

물 위를 걸으시다

마가복음 6:45-56

45 예수께서 즉시 제자들을 재촉하사 자기가 무리를 보내는 동안에 배 타고 앞서 건너편 벳새다로 가게 하시고 46 무리를 작별하신 후에 기도하러 산으로 가시니라 47 저물매 배는 바다 가운데 있고 예수께서는 홀로 뭍에 계시다가 48 바람이 거스르므로 제자들이 힘겹게 노 젓는 것을 보시고 밤 사경쯤에 바다 위로 걸어서 그들에게 오사 지나가려 하시매 49 제자들이 그가 바다 위로 걸어 오심을 보고 유령인가 하여 소리 지르니 50 그들이 다 예수를 보고 놀람이라 이에 예수께서 곧 그들에게 말씀하여 이르시되 안심하라 내니 두려워하지 말라 하시고 51 배에 올라 그들에게 가시니 바람이 그치는지라 제자들이 마음에 심히 놀라니 52 이는 그들이 그 떡 떼시던 일을 깨닫지 못하고 도리어 그 마음이 둔하여졌음이러라 53 건너가 게네사렛 땅에 이르러 대고 54 배에서 내리니 사람들이 곧 예수신 줄을 알고 55 그 온 지방으로 달려돌아 다니며 예수께서 어디 계시다는 말을 듣는 대로 병든 자를 침상째로 메고 나아오니 56 아무 데나 예수께서 들어가시는 지방이나 도시나 마을에서 병자를 시장에 두고 예수께 그의 옷 가에라도 손을 대게 하시기를 간구하니 손을 대는 자는 다 성함을 얻으니라

마음의 문을 열며

몰려드는 무리 때문에 예수님과 제자들은 한가로이 시간을 보낼 수 없었다. 이것은 제자들의 입장에서는 축복이 되었다. 오병이어의 기적에 이어 이번에는 물 위로 걸으시는 기적을 통해 예수 그리스도가 하나님이심을 확인할 수 있었기 때문이다. 그러나 예수님은 조용한 시간을 갖고 하나님과 깊은 교제를 갖는 일이 무엇보다 필요했다. 무리를 다 보내신 후 심지어 제자들마저 떼어 놓으시고 산으로 가신 것은 그일이 그만큼 절박했기 때문이다. 기도하시는 주님은 인간으로서의 면모를, 바다 위를 걸으시는 주님은 하나님으로서의 면모를 보여준다.

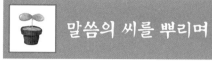

말씀의 씨를 뿌리며

1 예수님의 5천 명 먹이는 기적을 본 무리는 열광했다. 요한복음 6장 14-15절을 가지고 이 사실을 검토하라.

_____

_____

_____

2 예수님을 왕으로 추대하려는 무리들의 문제는 무엇인가? 그리고 당신도 비슷한 관점에서 예수님을 찾고 예배하는 자가 아닌지 솔직하게 말해 보라.

_____

_____

_____

_____

3 무리를 흩어 보내고 제자들마저 떼어놓고 예수님은 무엇을 하셨는가? 그리고 이런 예수님의 모습을 보면서 각자 깨달은 것을 말해 보라(46절).

_____

_____

_____

4 배를 타고 먼저 떠난 제자들은 어떤 형편에 처해 있었는가? (48절)

_____

_____

_____

5 역풍을 만난 제자들은 거의 8시간 가량 노를 저었지만 고작 5킬로미터 정도밖에 나아가지 못하고 고생하고 있었다. 이를 측은히 여기신 예수님은 어떻게 하셨는가? (48-50절)

_____

_____

_____

_____

6 당신이 세파에 시달리며 고생하고 있을 때에도 예수님은 똑같은 일을 행하신다고 믿는가? 그리고 이러한 도우심을 체험한 일이 있으면 이야기해 보라.

_____

_____

_____

_____

7 바다를 걸어오시는 예수님을 보고 제자들은 어떤 반응을 보였는가? 그리고 이러한 반응을 보인 이유는 무엇이었나? (49-51절)

_____

_____

_____

_____

8 당신은 예수님이 물 위로 걸으신 이적을 믿는가? 믿는다면 그 이유가 무엇인지 성경말씀을 인용하여 답해 보라. 그리고 그렇게 믿는 것이 당신의 신앙 생활에 어떤 유익을 주는지 말하라.

_____

_____

_____

_____

9 예수님과 제자들이 게네사렛 지방에 도착했을 때 어떤 일이 일어났는가? (53-56절)

_____

_____

_____

_____

삶의 열매를 거두며

옷에 손을 대기만 해도 낫는다는 유치한 믿음을 가진 병자들이지만 예수님은 그들을 탓하지 않고 고쳐주셨다. 이를 통해 우리가 얻을 수 있는 교훈은 무엇인가? 과거 당신이 병을 앓거나 어려움을 당했을 때 어떤 심정으로 예수님을 찾았는지, 그 결과가 어떠했는지 경험한 것이 있다면 나눠 보라.

바리새인, 전통으로 말씀을 폐하다

마가복음 7:1-23

1 바리새인들과 또 서기관 중 몇이 예루살렘에서 와서 예수께 모여들었다가 2 그의 제자 중 몇 사람이 부정한 손 곧 씻지 아니한 손으로 떡 먹는 것을 보았더라 3 (바리새인들과 모든 유대인들은 장로들의 전통을 지키어 손을 잘 씻지 않고서는 음식을 먹지 아니하며 4 또 시장에서 돌아와서도 물을 뿌리지 않고서는 먹지 아니하며 그 외에도 여러 가지를 지키어 오는 것이 있으니 잔과 주발과 놋그릇을 씻음이러라) 5 이에 바리새인들과 서기관들이 예수께 묻되 어찌하여 당신의 제자들은 장로들의 전통을 준행하지 아니하고 부정한 손으로 떡을 먹나이까 6 이르시되 이사야가 너희 외식하는 자에 대하여 잘 예언하였도다 기록하였으되 이 백성이 입술로는 나를 공경하되 마음은 내게서 멀도다 7 사람의 계명으로 교훈을 삼아 가르치니 나를 헛되이 경배하는도다 하였느니라 8 너희가 하나님의 계명은 버리고 사람의 전통을 지키느니라 9 또 이르시되 너희가 너희 전통을 지키려고 하나님의 계명을 잘 저버리는도다 10 모세는 네 부모를 공경하라 하고 또 아버지나 어머니를 모욕하는 자는 죽임을 당하리라 하였거늘 11 너희는 이르되 사람이 아버지에게나 어머니에게나 말하기를 내가 드려 유익하게 할 것이 고르반 곧 하나님께 드림이 되었다고 하기만 하면 그만이라 하고 12 자기 아버지나 어머니에게 다시 아무 것도 하여 드리기를 허락하지 아니하여 13 너희가 전한 전통으로 하나님의 말씀을 폐하며 또 이같은 일을 많이 행하느

니라 하시고 14 무리를 다시 불러 이르시되 너희는 다 내 말을 듣고 깨달으라 15 무엇이든지 밖에서 사람에게로 들어가는 것은 능히 사람을 더럽게 하지 못하되 16 사람 안에서 나오는 것이 사람을 더럽게 하는 것이니라 하시고 17 무리를 떠나 집으로 들어가시니 제자들이 그 비유를 묻자온대 18 예수께서 이르시되 너희도 이렇게 깨달음이 없느냐 무엇이든지 밖에서 들어가는 것이 능히 사람을 더럽게 하지 못함을 알지 못하느냐 19 이는 마음으로 들어가지 아니하고 배로 들어가 뒤로 나감이라 이러므로 모든 음식물을 깨끗하다 하시니라 20 또 이르시되 사람에게서 나오는 그것이 사람을 더럽게 하느니라 21 속에서 곧 사람의 마음에서 나오는 것은 악한 생각 곧 음란과 도둑질과 살인과 22 간음과 탐욕과 악독과 속임과 음탕과 질투와 비방과 교만과 우매함이니 23 이 모든 악한 것이 다 속에서 나와서 사람을 더럽게 하느니라

 ## 마음의 문을 열며

예수님의 인기가 절정에 이르자 유대의 종교 지도자들은 한시도 긴장을 풀지 못했다. 어떻게 해서라도 예수님의 허점을 찾아 그를 없애려고 몸부림치고 있었다. 그래서 예루살렘 본부로부터 상당수의 바리새인들과 서기관들이 갈릴리 지방까지 파송을 받아 예수님을 따라다니며 감시를 게을리하지 않았다. 그들의 눈에 비치는 예수님은 전통적인 유대교를 부정하는 이단자처럼 보였다. 실제로 잘못된 것은 그들이었으나, 그들은 그 사실을 알지도 못 했고 알았다 해도 인정하려 들지 않았다. 그들이 얼마나 하나님의 말씀에서 멀리 떨어져 있었는지를 가장 구체적으로 지적한 것이 바로 우리가 오늘 배우게 될 본문이다.

말씀의 씨를 뿌리며

1 바리새인들은 무엇을 가지고 예수님을 비난하려 했는가? (1-2절, 5절)

_____

_____

_____

_____

2 장로들의 전통에 대해 몇 가지 예를 들어보라. 그리고 예수님은 이러한 전통을 무엇으로 보았는가? (3-4절, 7-9절)

_____

_____

_____

_____

3 예수님은 바리새인들의 죄를 어떻게 지적하셨는가? 그리고 그들의 치명적인 죄는 무엇이었나? (6-13절)

_____

_____

_____

_____

4 현대 교회 안에서도 바리새인들이 범한 죄와 유사한 것이 있지 않는가? 성경 말씀보다 전통적인 관례나 법을 가지고 그것이 마치 신앙의 표준

이나 되는 것처럼 남을 판단하고 정죄하는 구실로 이용하는 예를 한두 가지 말해 보라.

_____

_____

_____

_____

_____

5 당신은 하나님의 일을 핑계 삼아 부모를 돌보는 일에 등한히 한 적은 없는가? 다시 말해 당신의 고르반은 무엇인가?

_____

_____

_____

_____

_____

6 손을 씻지 않고 음식을 먹는 제자들을 비난하는 바리새인들에 대해 예수님은 무엇이라고 말씀하셨는가? 요점을 설명해 보라(14-20절).

_____

_____

_____

_____

_____

7 왜 마음에서 나오는 것이 사람을 더럽게 한다고 할 수 있는가? (참고/ 렘 17:9; 엡 2:1-3; 행 5:3)

8 기독교가 처음부터 마지막까지 변함없이 강조하는 진리가 있다. 그 진리가 무엇인지 다음의 성구를 가지고 설명해 보라.

   o 요한복음 3:3

   o 로마서 12:2

   o 에베소서 3:17

9 21-22절은 마음의 악한 생각에서 나와 다른 사람을 더럽힐 수 있는 12가지 죄를 나열하고 있다. 각자가 자기에게 해당되는 것은 얼마나 되는지 검토하고 느끼는 것을 솔직하게 이야기해 보자.

삶의 열매를 거두며

예수님은 자신들의 전통으로 하나님의 말씀을 폐하고 악행을 행하는 바리새인들을 책망하셨다. 당신은 어떤가? 혹시 예수님을 믿는 당신에게도 남을 더럽히는 것들이 마음에서 자주 쏟아져 나오고 있는지 않은가? 만약 그렇다면 그 원인이 어디에 있는지 회개하는 마음으로 각자 적어 보자. 그리고 적은 내용을 가지고 이야기를 나눈 다음 서로를 위해 기도하는 시간을 갖도록 하자.

어느 이방 여인의 믿음

마가복음 7:24-30

²⁴ 예수께서 일어나사 거기를 떠나 두로 지방으로 가서 한 집에 들어가 아무도 모르게 하시려 하나 숨길 수 없더라 ²⁵ 이에 더러운 귀신 들린 어린 딸을 둔 한 여자가 예수의 소문을 듣고 곧 와서 그 발 아래에 엎드리니 ²⁶ 그 여자는 헬라인이요 수로보니게 족속이라 자기 딸에게서 귀신 쫓아내 주시기를 간구하거늘 ²⁷ 예수께서 이르시되 자녀로 먼저 배불리 먹게 할지니 자녀의 떡을 취하여 개들에게 던짐이 마땅치 아니하니라 ²⁸ 여자가 대답하여 이르되 주여 옳소이다마는 상 아래 개들도 아이들이 먹던 부스러기를 먹나이다 ²⁹ 예수께서 이르시되 이 말을 하였으니 돌아가라 귀신이 네 딸에게서 나갔느니라 하시매 ³⁰ 여자가 집에 돌아가 본즉 아이가 침상에 누웠고 귀신이 나갔더라

마음의 문을 열며

지금부터 예수님의 사역은 새로운 단계로 접어든다. 인기 절정의 호기는 지나가고 사방으로부터 배척을 당하는 시련기를 맞게 된다. 예수님을 극성스럽게 추종하던 무리까지도 그의 사역이 지닌 참뜻을 이해하지 못하고 있었다. 그래서 예수님은 무리를 떠나서 한적한 지방을 찾기 시작하였다. 그곳에서 남은 기간 동안 제자들을 특별히 훈련시키기로 결심하신 것이다. 바로 이때 이방 사람인 수로보니게 여인이 찾아왔다. 자기를 찾는 영혼을 박대하지 않으시는 예수님의 인자하신 모습을 여기서 다시 한 번 보게 된다.

1 예수님을 찾아온 수로보니게 여인에 대해 아는 대로 말해 보라(25-26절).

_____

_____

_____

_____

2 여인의 간청을 들은 예수님은 어떻게 답했는가? 그 의미는 무엇인가? (27절)

_____

_____

_____

_____

3 예수님의 답변은 상대방의 감정을 상하게 할 만한 소지가 충분했다. 그럼에도 불구하고 예수님은 왜 이렇게 매정하게 답하셨는가? (참고/ 요 4:9; 눅 11:5-8; 롬 4:18-19)

_____

_____

_____

_____

4 여인은 무엇이라고 대답했는가? 그리고 이러한 여인의 모습은 어떤 점
에서 우리에게 감동을 주는가? (28절, 참고/ 애 3:22-23; 삼하 9:8)

_____

_____

_____

_____

_____

5 만일 당신이 이 여인의 입장이었다면 어떻게 했겠는가? 여인과 비교할
때 자신에게 부족한 점이 무엇이라고 생각하는가?

_____

_____

_____

_____

_____

6 주님은 당신을 이 여인처럼 다루신 일이 없는가? 있다면 그 실례를 한
가지 들어 보라.

_____

_____

_____

_____

_____

7 29절을 보라. '이 말을 하였으니' 가 응답을 받는 결정적인 요인이었음을 알 수 있다. 왜 그렇다고 생각하는가?

_____

_____

_____

_____

_____

8 여인의 믿음은 말뿐 아니라, 순종하는 행동에서도 여실히 나타난다. 30절을 가지고 이 사실을 설명하라.

_____

_____

_____

_____

_____

_____

삶의 열매를 거두며

우리가 하나님께 간청한 것에 대해 확실한 응답을 받으려면 적어도 다음의 몇 가지에서 우리의 믿음을 증명해야 한다. 수로보니게 여인의 자세와 비교할 때, 당신에게 부족하다고 여겨지는 것이 무엇인지 생각해 보고, 어떻게 고쳐나갈 수 있는지 나눠보라.

○ 겸허한 자세(개와 같은)/

○ 간절한 자세(부스러기라도 사모하는)/

○ 낙심하지 않는 자세(마땅치 않다 해도)/

○ 의심하지 않는 자세(집에 돌아가는)/

152

귀먹고 말 더듬는 자를 고치시다

마가복음 7:31-37

31 예수께서 다시 두로 지방에서 나와 시돈을 지나고 데가볼리 지방을 통과하여 갈릴리 호수에 이르시매 32 사람들이 귀 먹고 말 더듬는 자를 데리고 예수께 나아와 안수하여 주시기를 간구하거늘 33 예수께서 그 사람을 따로 데리고 무리를 떠나사 손가락을 그의 양 귀에 넣고 침을 뱉어 그의 혀에 손을 대시며 34 하늘을 우러러 탄식하시며 그에게 이르시되 에바다 하시니 이는 열리라는 뜻이라 35 그의 귀가 열리고 혀가 맺힌 것이 곧 풀려 말이 분명하여졌더라 36 예수께서 그들에게 경고하사 아무에게도 이르지 말라 하시되 경고하실수록 그들이 더욱 널리 전파하니 37 사람들이 심히 놀라 이르되 그가 모든 것을 잘하였도다 못 듣는 사람도 듣게 하고 말 못하는 사람도 말하게 한다 하니라

마음의 문을 열며

예수님은 제자들을 데리고 북쪽 지방인 시돈과 두로를 거쳐 동남쪽 방향으로 내려오고 계셨다. 가능하면 무리가 뒤좇아 오지 못할 조용한 곳을 찾아 다니신 것이다. 드디어 갈릴리 바다 건너편인 데가볼리 지방에 도착하셨다. 그곳은 얼마 전 귀신 들린 사람을 고쳐주시고 주민들로부터 빨리 떠나달라고 독촉을 받았던 마을이었다. 여기서 예수님은 불쌍한 농아를 만나게 되었다. 그를 고쳐주시는 이야기를 통해 우리가 예수님께 배워야 할 진리가 있다.

154

1 데가볼리 사람들은 얼마 전만 해도 예수님을 환영하지 않았다. 그런데 이번에는 귀먹고 말 더듬는 농아를 데리고 일부러 예수님을 찾아왔다. 그들의 태도가 바뀐 이유가 무엇인지 마가복음 5장 17-20절을 가지고 대답하라.

_____

_____

_____

2 예수님이 다른 데서는 볼 수 없었던 독특한 방법으로 농아를 고치시는 모습을 볼 수 있다. 33-34절을 가지고 몇 가지 특징을 검토해 보라.

_____

_____

_____

3 예수님은 농아를 사람들의 눈이 없는 곳으로 데리고 가서 고쳐 주셨다. 36절과 비교할 때 왜 그렇게 하셨다고 생각하는가?

_____

_____

_____

4 왜 농아의 귀와 혀에 손을 대시고 침을 뱉으셨을까? 그에게 무엇을 기대하신 것일까?

_____

_____

_____

_____

5 하늘을 향해 탄식하시는 주님의 모습에서 무엇을 발견할 수 있는가? (참고/ 눅 19:41; 요 11:35)

_____

_____

_____

_____

6 예수님은 사람을 고치실 때 각 사람의 형편과 믿음에 따라 그 방법을 조금씩 다르게 하셨다. 이를 통해 무엇을 깨달을 수 있는가? 다음의 세 가지 경우를 놓고 공통점과 차이점을 비교해 보라.

　o 야이로의 딸/

_____

　o 혈루증 여인/

_____

　o 수로보니게 여인의 딸/

_____

_____

7 하나님께서 당신을 다른 어떤 사람과 똑같은 방식으로 당신을 다루고 대우하지 않으신다는 사실 때문에 불평하고 불안해 한 일은 없는가? 있다면 한 예를 들어 불평과 불안의 원인이 무엇인지 찾아 보라.

_____

_____

_____

8 고침을 받은 농아에게 예수님은 무엇을 명령하셨는가? 왜 그런 명령을 하셨다고 생각하는가? (36절, 참고/ 막 8:1)

_____

_____

_____

9 고침을 받은 농아는 명령을 따르지 않고 어떻게 하였는가? 그리고 이러한 그의 행동은 결과적으로 옳은 것이었다고 볼 수 있는가? (36-37절)

_____

_____

_____

삶의 열매를 거두며

예수님은 아무에게도 이르지 말라고 경고하였지만, 그들은 예수님의 말씀에 순종하지 않고 거역하였다. 당신은 이들처럼 자기 마음대로 행동하는 사람이 아닌지 점검해 보라. 그리고 날마다 주님의 뜻에 부합되는 순종을 하기 위해 당신이 항상 충실해야 할 일은 무엇인가? (참고/ 롬 12:12; 시 119:6, 36)

사천 명을 먹이시다

마가복음 8:1-13

¹ 그 무렵에 또 큰 무리가 있어 먹을 것이 없는지라 예수께서 제자들을 불러 이르시되 ² 내가 무리를 불쌍히 여기노라 그들이 나와 함께 있은 지 이미 사흘이 지났으나 먹을 것이 없도다 ³ 만일 내가 그들을 굶겨 집으로 보내면 길에서 기진하리라 그 중에는 멀리서 온 사람들도 있느니라 ⁴ 제자들이 대답하되 이 광야 어디서 떡을 얻어 이 사람들로 배부르게 할 수 있으리이까 ⁵ 예수께서 물으시되 너희에게 떡 몇 개나 있느냐 이르되 일곱이로소이다 하거늘 ⁶ 예수께서 무리를 명하여 땅에 앉게 하시고 떡 일곱 개를 가지사 축사하시고 떼어 제자들에게 주어 나누어 주게 하시니 제자들이 무리에게 나누어 주더라 ⁷ 또 작은 생선 두어 마리가 있는지라 이에 축복하시고 명하사 이것도 나누어 주게 하시니 ⁸ 배불리 먹고 남은 조각 일곱 광주리를 거두었으며 ⁹ 사람은 약 사천 명이었더라 예수께서 그들을 흩어 보내시고 ¹⁰ 곧 제자들과 함께 배에 오르사 달마누다 지방으로 가시니라 ¹¹ 바리새인들이 나와서 예수를 힐난하며 그를 시험하여 하늘로부터 오는 표적을 구하거늘 ¹² 예수께서 마음속으로 깊이 탄식하시며 이르시되 어찌하여 이 세대가 표적을 구하느냐 내가 진실로 너희에게 이르노니 이 세대에 표적을 주지 아니하리라 하시고 ¹³ 그들을 떠나 다시 배에 올라 건너편으로 가시니라

마음의 문을 열며

예수님은 아직 갈릴리 바다 건너편 데가볼리 지방에 머물고 계시는 중이다. 농아를 고치신 기적을 전해 들은 사람들이 사방에서 모여들었다. 그들은 이방인이었다. 그럼에도 불구하고 주님은 사흘간이나 머물면서 그들에게 복음을 전하시고 병을 고쳐 주셨다. 그리고 떡 일곱 개를 가지고 굶주린 그들을 배불리 먹여서 돌려 보내셨다. 이 기적은 앞에 나온 5천 명을 먹인 기적과 분명히 구별되는 다른 사건이었다. 우리는 똑 같은 기적을 왜 처음에는 유대인을 위해, 다음에는 이방인을 위해 보여주셨는 가를 알아야 한다. 오직 예수님만이 전 인류의 생명이심을 알리려는 거룩한 뜻이 담겨 있는 것이다.

말씀의 씨를 뿌리며

1 자기와 함께 사흘을 보낸 무리들에게 먹을 것이 없자 예수님은 무엇이
   라고 말씀하셨는가? 이러한 예수님의 말씀 가운데 각자에게 감동으로
   다가오는 것이 있다면 말해 보라(2-3절).

_____

_____

_____

2 지금도 예수님은 우리를 향하여 똑같은 관심을 갖고 계신다. 마태복음
   6장 31-32절을 가지고 설명해 보라.

_____

_____

_____

3 사흘 동안 예수님과 함께 있으면서 먹을 생각조차 잊고 있었던 무리를
   보고 무엇을 느끼는가? 예수님과 함께하는 행복에 대해 말하라. 그리고
   각자 이러한 시간을 가져 본 경험이 있으면 이야기해 보라.

_____

_____

4 제자들은 언제나 합리적인 계산밖에 할 줄 몰랐다. 그들은 예수님께 무엇이라고 대답했는가? (4절)

5 제자들은 불과 얼마 전에 오천 명을 떡 다섯 개로 배불리 먹이신 기적을 직접 본 사람들이었다. 그럼에도 불구하고 여전히 인간적인 계산에만 집착하고 있다. 그들에게 무엇이 문제였다고 생각하는가?

6 하나님의 능력을 보려면 인간적인 계산에 매여서는 안 된다. 열왕기하 7장에 등장하는 신하의 경우를 가지고 이 사실을 증명하라.

7 당신은 하나님의 능력을 인간의 합리적인 계산보다 더 믿는 사람이라고 말할 수 있는가? 이 점에 대해 특별히 체험한 일이 있으면 말해 보라.

8 이적 기사를 보고 계속 그것만을 추구하는 바리새인들을 보며 예수님은 어떻게 하셨는가? 표적을 구하는 바리새인들이 안고 있는 근본적인 문제는 무엇인가? (11-12절, 참고/ 요 10:37-38)

9 지금도 교회 안에나 밖에는 예수님보다 이적에 더 큰 관심을 기울이는 무리가 많다. 당신이 아는 예를 들 수 있는가? 그리고 이것이 왜 위험한지 말해 보라.

삶의 열매를 거두며

믿는 자에게 주어진 가장 큰 행복 중 하나는 예수님과 함께 하는 행복이다. 찬송가 82장 "나의 기쁨 나의 소망되시며"(새찬송가 95장)은 주님과 함께 있기를 사모하는 성도의 찬송이라고 할 수 있다. 이 시간 배운 내용들을 생각하며 함께 불러 보자. 그리고 각자 공감되는 내용이 있다면 나눠보라.

바리새인의 누룩을 주의하라

마가복음 8:14-26

¹⁴ 제자들이 떡 가져오기를 잊었으매 배에 떡 한 개밖에 그들에게 없더라 ¹⁵ 예수께서 경고하여 이르시되 삼가 바리새인들의 누룩과 헤롯의 누룩을 주의하라 하시니 ¹⁶ 제자들이 서로 수군거리기를 이는 우리에게 떡이 없음이로다 하거늘 ¹⁷ 예수께서 아시고 이르시되 너희가 어찌 떡이 없음으로 수군거리느냐 아직도 알지 못하며 깨닫지 못하느냐 너희 마음이 둔하냐 ¹⁸ 너희가 눈이 있어도 보지 못하며 귀가 있어도 듣지 못하느냐 또 기억하지 못하느냐 ¹⁹ 내가 떡 다섯 개를 오천 명에게 떼어 줄 때에 조각 몇 바구니를 거두었더냐 이르되 열둘이니이다 ²⁰ 또 일곱 개를 사천 명에게 떼어 줄 때에 조각 몇 광주리를 거두었더냐 이르되 일곱이니이다 ²¹ 이르시되 아직도 깨닫지 못하느냐 하시니라 ²² 벳새다에 이르매 사람들이 맹인 한 사람을 데리고 예수께 나아와 손 대시기를 구하거늘 ²³ 예수께서 맹인의 손을 붙잡으시고 마을 밖으로 데리고 나가사 눈에 침을 뱉으시며 그에게 안수하시고 무엇이 보이느냐 물으시니 ²⁴ 쳐다보며 이르되 사람들이 보이나이다 나무 같은 것들이 걸어 가는 것을 보나이다 하거늘 ²⁵ 이에 그 눈에 다시 안수하시매 그가 주목하여 보더니 나아서 모든 것을 밝히 보는지라 ²⁶ 예수께서 그 사람을 집으로 보내시며 이르시되 마을에는 들어가지 말라 하시니라

마음의 문을 열며

한동안 무리를 떠나서 조용한 곳을 찾으시던 예수님은 드디어 제자들을 데리고 갈릴리로 돌아오셨다. 이제부터 차분히 십자가의 길을 준비하기로 결심한 것이다. 어느날 제자들과 함께 배를 타고 가면서 예수님은 바리새인의 누룩을 특별히 주의하라고 말씀하셨다. 날이 갈수록 바리새인들의 반대와 도전이 거세어질 것을 미리 내다 보시고 주의를 환기시키신 것이다. 배가 도착하자 예수님을 학수고대하고 있는 사람이 있었다. 무명의 소경이었다. 과연 이 세상 어디에 예수님이 필요치 않은 사람이 있겠는가?

1 배를 타고 가던 제자들에게 당장 발등에 떨어진 염려는 무엇이었나? (14
절)

_____

_____

_____

2 이 때 예수님은 무엇이라고 말씀하셨으며, 그 의미는 무엇인가? (15절,
참고/ 마 16:11-12)

_____

_____

_____

3 누룩의 성질에 대해 말하라. 그리고 바래새인들의 어떤 점을 누룩처럼
위험하게 보았는지 검토해 보라(참고/ 고전 5:6; 눅 12:1-3).

_____

_____

_____

4 예수님의 말씀을 듣고 제자들은 어떻게 이해를 하였는가? (16절)

_____

_____

_____

5 사실 제자들은 예수님과 함께 동행하는 이상 무엇을 먹고 마실지는 전혀 걱정할 필요가 없었다. 왜 그런가? (17절, 19-20절)

_____

_____

_____

6 그럼에도 불구하고 막상 먹을 것이 떨어지자 제자들은 예수님과 그의 능력에 대한 믿음이 즉시 흔들리고 염려의 종이 되고 말았다. 각자에게 이와 유사한 영적인 병이 없는지 말해 보라.

_____

_____

_____

_____

7 제자들이 믿음 없는 사람으로 돌변하게 된 원인이 어디에 있다고 생각하는가? (17-18절)

_____

_____

_____

8 벳세다의 소경을 어떻게 고쳐주셨는지 이야기하라(23-26절).

_____

_____

_____

9 소경이 고침을 받는 과정이 점진적이라는 사실을 알 수 있다. 갑자기 시력이 완전해지지 않고 서서히 밝아졌다. 그러나 다른 소경은 금방 모든 것을 밝히 보는 경우도 있었다(눅 18:43). 이것은 우리가 영적으로 눈을 뜨는 데 두 가지 유형이 있을 수 있다는 점을 암시하는 것이다. 당신은 어떤가? 영적으로 갑자기 눈을 뜨게 된 사람인가? 아니면 서서히 눈을 뜬 사람인가? 각자의 체험을 가지고 은혜를 나누어 보라.

_____

_____

삶의 열매를 거두며

우리도 성경을 들고 오병이어의 기적이나 떡 일곱 개로 사천 명을 먹이신 기적을 읽고 볼 수 있지만, 그 이적의 주인이신 예수 그리스도를 잘 모르는 위험에 얼마든지 빠질 수 있다. 당신은 경제적으로 몹시 다급해 질 때나 여러 어려움을 만났을 때 어떻게 대처하는가? 빌립보서 4장 9절의 주님을 믿고 염려에서 자유할 수 있다고 생각하는가? 주님을 믿고 염려에서 자유할 수 있다고 생각하는가? (빌 4:9)

주는 그리스도시다

마가복음 8:27-38

27 예수와 제자들이 빌립보 가이사랴 여러 마을로 나가실새 길에서 제자들에게 물어 이르시되 사람들이 나를 누구라고 하느냐 28 제자들이 여짜와 이르되 세례 요한이라 하고 더러는 엘리야, 더러는 선지자 중의 하나라 하나이다 29 또 물으시되 너희는 나를 누구라 하느냐 베드로가 대답하여 이르되 주는 그리스도시니이다 하매 30 이에 자기의 일을 아무에게도 말하지 말라 경고하시고 31 인자가 많은 고난을 받고 장로들과 대제사장들과 서기관들에게 버린 바 되어 죽임을 당하고 사흘 만에 살아나야 할 것을 비로소 그들에게 가르치시되 32 드러내 놓고 이 말씀을 하시니 베드로가 예수를 붙들고 항변하매 33 예수께서 돌이키사 제자들을 보시며 베드로를 꾸짖어 이르시되 사탄아 내 뒤로 물러가라 네가 하나님의 일을 생각하지 아니하고 도리어 사람의 일을 생각하는도다 하시고 34 무리와 제자들을 불러 이르시되 누구든지 나를 따라오려거든 자기를 부인하고 자기 십자가를 지고 나를 따를 것이니라 35 누구든지 자기 목숨을 구원하고자 하면 잃을 것이요 누구든지 나와 복음을 위하여 자기 목숨을 잃으면 구원하리라 36 사람이 만일 온 천하를 얻고도 자기 목숨을 잃으면 무엇이 유익하리요 37 사람이 무엇을 주고 자기 목숨과 바꾸겠느냐 38 누구든지 이 음란하고 죄 많은 세대에서 나와 내 말을 부끄러워하면 인자도 아버지의 영광으로 거룩한 천사들과 함께 올 때에 그 사람을 부끄러워하리라

마음의 문을 열며

예수님은 잠깐 갈릴리에 들러 무리들을 가르치신 후 다시 한적한 곳으로 자리를 옮기셨다. 처음에는 지중해 연안에 위치한 두로와 시돈을 거쳐 갈릴리 바다 건너편 데가볼리 지방으로 여행을 하셨다. 그러나 이번에는 북쪽 지역에 위치한 헐몬 산 주변과 가이사랴 빌립보로 들어 가셨다. 그곳에서 예수님은 자신이 십자가를 지기 전에 제자들을 마지막으로 준비시키는 일에 주력하셨다. 여전히 제자들은 십자가를 통한 하나님의 구원 계획에 대해 마음의 눈이 열려 있지 못했다. 베드로의 장엄한 신앙고백과 그 다음으로 이어지는 그의 비겁한 행동은 당시 제자들이 얼마나 영적으로 어두웠는가를 웅변적으로 말해 주고 있다.

말씀의 씨를 뿌리며

1 가아사랴 빌립보 지방을 지나가시면서 예수님이 던진 질문은 무엇인가? 그리고 제자들의 대답을 미루어볼 때 당시 일반 사람들은 예수님을 어떤 시각으로 보고 있었나? (27-28절 , 참고/ 요 3:1-2)

_____

_____

_____

2 현대인들 가운데서도 비슷한 시각을 가지고 예수님을 보는 자들이 있다. 그 예를 몇 가지 들어 보라. 그리고 당신이 예수를 믿기 전에 가졌던 예수님에 대한 관점과 비교해 보라.

_____

_____

_____

3 예수님의 두 번째 질문은 무엇이며, 베드로는 어떻게 대답했는가? 이러한 베드로의 답변은 일반 사람들과는 본질적으로 어떤 차이가 있는가? (29절, 참고/ 마 16:16)

_____

_____

4 다시 한 번 자신을 점검해 보라. 주님이 지금 당장 당신을 향하여 같은 질문을 던진다면 어떻게 답하겠는가? 그리고 언제부터 이처럼 확신 있는 대답을 할 수 있게 되었는지 말해 보라.

_____

_____

_____

5 제자들로부터 바른 신앙고백을 들은 다음에야 비로소 예수님이 밝히 말씀하신 내용은 무엇인가? (31-32절)

_____

_____

_____

_____

6 마가복음을 주의해 보면 베드로가 신앙고백을 한 다음부터 예수님은 세 번에 걸쳐 죽음과 부활에 관한 예언을 말씀하셨다. 이렇게 자주 언급하신 이유가 어디에 있다고 생각하는가? (참고/ 9:30-32, 10:32-34)

_____

_____

_____

7 십자가의 죽음에 대해 베드로는 어떻게 반발하였는가? 그리고 예수님
은 이런 베드로를 향해 어떻게 반응하셨나? (32-33절)

_____

_____

_____

_____

8 예수님은 베드로를 사탄이라고 부를 정도로 단호한 태도를 보이셨다.
왜 베드로를 사탄이라고 불렀는지, 그리고 이러한 예수님의 단호한 태
도를 보며 무엇을 느끼게 되는지 각자 말해 보라.

_____

_____

_____

_____

9 당신은 하나님의 뜻보다 인간의 뜻을 앞세우다 사탄이 되는 경우가 없
었는가? 그리고 당신의 주변에서 당신에게 사탄의 구실을 잘 하는 사람
은 없는가?

_____

_____

_____

_____

10 예수 그리스도를 따라가는 제자가 갖추어야 할 요건이 무엇이며 간단
히 한 마디로 요약한다면 무엇이라고 할 수 있는가? (34-38절)

_____

_____

_____

 삶의 열매를 거두며

베드로의 신앙고백 후 비로서 예수님은 자신의 죽음과 부활에 대해 말씀하셨다. 그
리고 자신을 만류하는 베드로를 책망하며, 자신을 따르는 제자가 갖추어야 할 요건
에 대해 가르치셨다. 당신은 어떤가? 예수님의 말씀처럼 자기를 부인하고 자기 십자
가를 지고 주님을 따를 준비가 된 사람인가? 각자 자신의 솔직한 심정을 적어보자.